U1011447

卓越法律人才培养计划系列教材

湖北大学研究生课程思政项目“刑法与刑事诉讼法理论与实务”结项成果

案例刑法学

江岚　王文静　编著

WUHAN UNIVERSITY PRESS
武汉大学出版社

图书在版编目(CIP)数据

案例刑法学 / 江岚,王文静编著. -- 武汉 : 武汉大学出版社, 2025.8.
卓越法律人才培养计划系列教材. -- ISBN 978-7-307-25108-3
Ⅰ. D924.05
中国国家版本馆 CIP 数据核字第 2025LE7615 号

责任编辑:胡　荣　刘逸君　　　责任校对:汪欣怡　　　版式设计:马　佳

出版发行:**武汉大学出版社**　(430072　武昌　珞珈山)
(电子邮箱:cbs22@ whu.edu.cn 网址:www.wdp.com.cn)
印刷:湖北云景数字印刷有限公司
开本:787×1092　1/16　印张:8　字数:190 千字　插页:1
版次:2025 年 8 月第 1 版　2025 年 8 月第 1 次印刷
ISBN 978-7-307-25108-3　定价:38.00 元

版权所有,不得翻印;凡购买我社的图书,如有质量问题,请与当地图书销售部门联系调换。

总　序

作为初入法律之门的大学法学本专科学生，往往首先是通过精简版的教科书或者是大部头的教科书，按照教材的体系化结构，从理论基础或总则的原理原则开始了法律人漫长、艰辛和略显枯燥的学习生涯。诸多的法哲学原理、法理学知识和法原则的阐释，对一个法律人走向专业化和精英化不可或缺，但对初入法学殿堂的学子来说，往往是如坠云雾之中，理解起来却有相当难度，往往要等到进入大学高年级或工作之后再蓦然回首，才渐入会通之境。法科学生花较长时期的理解迷茫也构成了法学教学的隐含之痛和改革动力，不同类型的案例指导书籍应运而生，在欣喜之余，也发现案例与教材基本知识体系的对应存在不足之处，我们的编写试图部分改变这种情况，力图与教材、教学同步而行，取得教学效果和知识体系的双重改观。作为现代大学法学教学基础的教科书或教材浓缩了特定法领域的基本知识体系，使学生能在较短的期限内获得法律专业化和职业化的必备能力，但事无尽美，教科书也因此抽掉了法原理、原则和规则得以形成的鲜活血液，造成了初学者的疏离感和畏惧感，一定程度上影响了学习的兴趣和理解的深度。如果能够有选择性地适度还原某些法原理原则和规则的生成过程或关键节点、实践形态和社会功用等，那么抽象的理论就被注入了现实的活水，法学的学习就在理论和现实两个场域中及时切换，交相辉映，共同服务于认识、理解、掌握和运用法律的全过程。任何再高大上的理论必须落地于国家和公民的生活中，才会显现出熠熠生辉的生命力，对法学学生而言，就会变成学生的专业能力和适应能力。正因如此，我们结合初窥法学学生的实际，编写了该案例教材系列，以期帮助学生在法学学习道路上早入佳境。

奥地利法学家埃里希曾说，法发展的重心不在立法，不在法学，也不在司法判决，而在社会本身。霍姆斯大法官说，法律的生命不在于逻辑而在于经验。作为社会科学王国中极具经世致用属性的法学，理论学习和研究是重要的，目的还是在于实践中的运用。能够了解法律的生成过程、发展演变、规范形成和理论形态是一个法科学生最完整的知识谱系。由于现有的教育体制、教学体系的限制，加之几千年来逐步发展形成的庞大的法学知识体系、只能采取通过系统地讲授法学一般理论来构筑法科学生的知识体系和思维模式，但也因如此，实践的时间被大大压缩，要在课堂上或仅仅通过教材掌握连篇累牍的法哲学原理、部门法理论、原则和规范，显然存在巨大难度，特别是对缺乏生活经历和法律鲜活素材的学生而言更是如此。从人的理解规律来看，具体的生活经验是理解的前提，从具象到抽象是思维的普遍规律，尤其对于一般性的法律原则和规则而言。这也可以通过学生对更具有具体生活体验和感知的民法、刑法更感兴趣而反映出来。没有经历就难以感知，或感知不到位，即使移情也需要有近似的经验感知。我国目前法学教育主要以理论教学为主的现状在可预见的时期内很难有大的改变，也不必有大的改变。毕竟，系统的理论学习依然是最主要的，但面对缺乏充分实践锻炼的现实造成理论理解的困难和理论与实践的脱节，为了避免某个法律问题的研究过多地停留在纸面上，流于抽象的推理演说，缺乏实证分析的支持，折中的办法是通过典型案例架起理论与实践的桥梁，编织理解与适用的纽带。尽管还是难以尽美，但由于针对具体理论，必将有助于概念、原理、原则乃至不同规则的准确把握和如何适用的深入理解。理想的目标“虽不能至，然心向往之”。通过案例这种间接经验的感知和有针对性的解析，弥补了教科书具体阐释之不足。

基于上述理由，我们围绕教材中的重点内容，有针对性地配备了一些案例，较为详细地解读法学的原理、原则和规则背后及适用中的鲜活样态。透过这些真实的案例，让学生感悟到法律发展的曲折过程，感知社会文明进步过程中许多“小人物”和“大人物”所经历的痛苦和挣扎，所作出的牺牲和贡献。借用鲁迅先生所言：“人类的血战前行的历史，正如煤的形成，当时用大量的木材，结果却只是一小块。”①同样，法治的发展也是通过大量的有影响与无影响的案件与事件，最终凝结成为数不多的法的公理、原则和规则。无论是普通公民之间的鸡零狗碎的纠纷，还是惊世骇俗的风云事件及案件，在公法、私法和社会法等不同领域中都曾经掀起波澜。法治之发展历程可谓筚路蓝缕，对于法治后发之中国，尤其如此。通过案例学习，不仅有助于对法原理、原则和规范准确领悟和深入领会，也是表达对法治道路上曾经不屈不挠抗争的志士仁人的敬慕之情。重温案件当事人那曾经被不公正和冤屈裹挟的时光，在不堪回首的追思中，法治进步带来的和平、安逸、秩序和公平等公共福利的感恩油然而生，更能激励起我们对正义和公平的坚守，对法治发展的信心和为之奋斗的坚定毅力和不懈努力。

从法律发展的历程上讲，法律是由具体的个案发展成的抽象规则，通过一个个生动、具体和生活化的法律形象，法律在不断进行着自我“进化”，这种演化的成果在带给我们积极东西的同时，也失去了一些鲜活的东西。法律的抽象化、规则化、体系化和职业化，使得法学的教学更加标准化、专业化、系统化和理论化，但也让法学的学习陷于概念的解析、抽象原则和规则的逻辑推理与有序排列的“象牙塔”困局，使学生感觉法律和法学远离自身的生活世界，从而影响对法律和法学的认知和法律人使命的体认。为此，我们试图通过不同法律关系领域的案例，部分还原法律原则或规范的形成过程、关键节点或作用的机理，给框架性和抽象性的法原则及法规则注入鲜活的血肉，使其骨肉丰满，给教材的体系化和理论化为主的内容添加个案性、具体生活场景性的法律生活素材。在这些案件中，上自国家最高权力机关或最高领导人，下至社会底层的普通公民；有富可敌国的名商巨贾，也有穷困潦倒的三教九流，他(她)们都为了一个共同的目标——寻求法律的公断和正义的伸张——走到一起，进行名誉或利益等的博弈。透过案件，让学生感觉到抽象的法律原则和规则的前世今生，感知每一项法律原则和规则背后曾经有多少不堪回首的悲情往事和不屈抗争；感知法律在具体使用过程中面临的价值冲突和艰难选择；感知法律如何驯服曾经不可一世的庞大的国家这一“利维坦”，如何为一文不名的升斗小民伸张正义；感知诸如“正义之剑永不入鞘”等法律的至理名言，在法官、检察官和其他法律职业人士及

① 转引自陈静编著：《鲁迅的彷徨与呐喊》，东方出版社2006年版，第178页。

社会正义感的公民的合力下不断变成生活现实、形成社会共识的过程。

著名的案例总是引发许多学者和法律实务界人士的关注和不断诠释，我们选取的案例，也有一些是在学习和借鉴了这些优秀成果的基础上编辑而成。在此，谨向这些学者和专家表达诚挚的谢意！由于水平和时间的限制，书中的错误和疏漏之处在所难免，恳请广大读者批评指正。

陈焱光

2019 年 4 月 8 日

目　录

第一章　正当防卫的司法适用边界
——杨某伟故意伤害、杨某平正当防卫案①

一、案情简介

2016年2月28日，杨某平、杨某伟兄弟二人在自家门前聊天时，恰遇彭某遛的一条大狼狗从二人面前经过。杨某平很喜欢狗，就用手摸了一下，不料此举却遭到狗主人彭某的恶言斥骂。见哥哥的善意摸狗行为被狗主人无端辱骂，弟弟杨某伟于是和彭某理论。言语争执中，彭某扬言要搞死杨某伟，并怒气冲冲地离开且边走边手指杨某伟让其等着。杨某伟回应"那你来打啊"。为防不测，杨某伟返回住所将一把单刃尖刀、一把折叠刀藏于身上。约10分钟后，彭某果然又气势汹汹地返回了，其身后十余米处跟着其邀约来的手持洋镐把的黄某、熊某、王某。彭某用手指着坐在家门口的杨某平谩骂，杨某平未予理睬。接着，彭某冲过去猛击杨某伟面部一拳，杨某伟还手。打斗中杨某伟抽出单刃尖刀刺向彭某。与此同时黄某、熊某、王某持洋镐把冲过去对杨某伟进行围殴。彭某也顺势从熊某处夺过洋镐把对杨某伟进行殴打。熊某拳击，彭某、黄某、王某持洋镐把，继续围殴杨某伟，由于熊某、黄某、王某均年轻力壮，杨某伟瞬间被打得头部流血倒地。眼见弟弟被对方四人围殴，杨某平回屋拿出一把刀冲向彭某，朝其左胸刺了一刀。当杨某平刺第二刀时，被彭某用左臂抵挡，后彭某受伤逃离。黄某、熊某、王某又反身持洋镐把追打杨某平，杨某平边退边还击，缓过来的杨某伟则持随身携带的一把折叠刀参与还击。随后黄某、熊某、王某逃离现场。彭某离开后于当日因被刺伤胸腹部造成胃破裂、肝破裂、血气胸，导致急性失血性休克而死亡。杨某伟、黄某、熊某均受轻微伤。

2017年2月，武汉市武昌区人民法院认定杨某伟、杨某平均构成故意伤害罪，分别判处有期徒刑15年、11年。兄弟俩不服并上诉。2017年6月，武汉市中级人民法院以事实不清、证据不足为由发回重审。2018年5月，武汉市武昌区人民法院重审认定杨某伟、杨某平构成故意伤害罪，但认为二人均有自首情节，分别判处有期徒刑13年、9年。兄弟俩仍不服并再次上诉。同年12月19日，武汉市中级人民法院作出二审判决：杨某伟犯故意伤害罪，判处有期徒刑4年；杨某平正当防卫无罪。终审法院判决理由如下：彭某与杨某平、杨某伟兄弟俩并不相识，突发口角，杨某伟所言"那你来打啊"不能认定系其与

① （2018）鄂01刑终698号。

彭某相约打斗。从主观目的和客观行为看，没有证据证明杨某平、杨某伟兄弟俩具有合谋伤害彭某的主观故意。从杨某伟、杨某平两人的行为分别分析，第一，杨某伟准备刀具是出于防卫目的。彭某带人持械返回现场，杨某伟人身安全面临现实威胁，彭某冲至杨某伟家门口首先拳击其面部，杨某伟才持刀刺向彭某，该行为是为了制止正在进行的不法侵害的正当防卫行为。彭某空手击打杨某伟面部，杨某伟此时并非面临严重的不法侵害，却持刀刺其要害部位。彭某要害部位多处致命刀伤系杨某伟所致，是其死亡的主要原因。杨某伟的防卫行为明显超过必要限度，造成重大损害，属于防卫过当，构成故意伤害罪。第二，彭某返回现场用手指向杨某平，杨某平未予理会。彭某与杨某伟发生打斗时，杨某平仍未参与。这说明杨某平主观上没有伤害彭某的故意。彭某等四人持洋镐把围殴杨某伟致其头部流血并倒在地上，双方力量悬殊。此时杨某平持刀刺向彭某，是为了制止杨某伟正在遭受的严重不法侵害，属于正当防卫。

二、案例分析

(一)正当防卫与无限防卫权制度

正当防卫是指，为了使国家、公共利益、本人或者他人的人身、财产和其他权利免受正在进行的不法侵害，而采取的制止不法侵害的行为，对不法侵害人造成损害的，属于正当防卫，不负刑事责任。根据《中华人民共和国刑法》(以下简称《刑法》)第二十条第一款的规定，正当防卫的意图既包括使本人的人身、财产和其他权利免受不法侵害，也包括使国家、公共利益或者他人的人身、财产和其他权利免受不法侵害。其中，正当防卫包括以下五个构成要件：(1)起因条件，必须存在现实的不法侵害，这种现实是客观存在的，不能是主观臆想的，否则，可能构成假想防卫；(2)时间条件，要求违法行为正在发生，时间上具有紧迫性，且不及时采取措施会造成严重的损害，但需注重防卫的适时性，不得进行事前或事后防卫；(3)对象条件，必须针对不法侵害人本人进行防卫；(4)主观条件，主观上要具备防卫的认识，如互相斗殴、防卫挑拨以及偶然防卫都不能成立正当防卫；(5)限度条件，不能明显超过必要限度，否则就会构成防卫过当。

此外，我国还设立了无限防卫权制度，根据《刑法》第二十条第三款，对正在进行行凶、杀人、抢劫、强奸、绑架以及其他严重危及人身安全的暴力犯罪，采取防卫行为，造成不法侵害人伤亡的，不属于防卫过当，不负刑事责任。无限防卫权仍然需要符合正当防卫的基本构成要件，只是排除了限度条件方面的要求，即“造成不法侵害人伤亡的，不属于防卫过当，不负刑事责任”。本案中，彭某返回现场用手指向杨某平，面对挑衅，杨某平未予理会。彭某与杨某伟发生打斗时，杨某平仍未参与。彭某等四人持洋镐把围殴杨某伟并将其打倒在地，致其头部流血，双方力量悬殊，此时杨某平持刀刺向彭某。杨某平的行为是为了制止杨某伟正在遭受的严重不法侵害，符合正当防卫的意图条件。彭某被刺后逃离，黄某等人对杨某伟的攻击并未停止，杨某平继续追赶彭某的行为应认定为正当防卫。综上，杨某平的行为系正当防卫，杨某平不负刑事责任。

(二)防卫过当

根据《刑法》第二十条第二款，正当防卫明显超过必要限度造成重大损害的，应当负刑事责任，但是应当减轻或者免除处罚。规定中可以得知“明显超过必要限度造成重大损害”对防卫过当的认定具有决定性作用，而本案中杨某伟的行为之所以属于防卫过当，构成故意伤害罪，最主要的原因就是其防卫行为“明显超过必要限度”且“造成重大损害”。

在实务中对于“明显超过必要限度”主要有两种认定情形，其一是根据防卫人所造成的损害结果的严重程度来认定是否成立防卫过当，在实务中通常表现为防卫人的防卫行为致使不法侵害人重伤或者死亡来认定其防卫过当；其二是假定存在可替代的防卫行为，将假定的防卫行为与实际的防卫行为所造成的损害结果相比较，从而判定防卫后果是否明显超过必要限度。

关于“明显超过必要限度”与“造成重大损害”的关系，学界存在两种观点，其一是包容说，认为该两者是包容关系，后者是前者的印证，并且认为明显超过必要限度是认定防卫过当的核心；其二是并列说，认为二者分别对应行为和结果，具有独立性，且是并列关系，在认定防卫过当时应当兼顾两者的关系，二者缺一不可。其中，并列说在我国占主流地位。只有在面临情况紧迫的前提下，防卫权才得以使用，因此，不能期待防卫人准确把握防卫尺度，也不能要求防卫人精准把控防卫行为造成的损害结果，所以在判断其是否“明显超过必要限度”上应当适用较宽的标准，社会一般人的判定标准，坚持无罪推定、有利于被告人原则。在此基础上，还需要结合不法侵害的手段、方式、紧迫程度、损害程度、客观环境以及防卫人自身的防卫能力、受激程度、防卫手段、防卫程度等综合认定该防卫行为是否属于“明显超过必要限度”，并且需要从防卫人的主观视角感受，判断防卫行为是否过激，使用的工具是否过线，将一般人视角与其进行对比从而得出结论。从文理解释来看，“必要限度”指的是能够实现防卫效果的最低程度的防卫强度，“明显超过”是指行为所造成的后果至少比最低程度的防卫强度高出一个层级，而“造成重大损害”则通常指重伤或死亡，且造成重大损害与防卫行为具有法律上的因果关系，由此构成完整的防卫过当逻辑体系。

在本案中，彭某带人来到杨某伟家门口，用拳头击打杨某伟面部，杨某伟即持单刃尖刀刺向彭某的胸部、腹部，随后遭到黄某、熊某、王某持洋镐把殴打，彭某也夺过洋镐把参与殴打，致杨某伟头破血流，杨某平为了制止彭某等人持械击打弟弟杨某伟，回屋拿出一把双刃刀冲向彭某，朝其左胸刺了一刀，彭某随即逃跑，最终刺伤彭某胸腹部造成胃破裂、肝破裂、血气胸，导致急性失血性休克而死亡。根据法医鉴定结果可知，死者彭某左胸锁关节下缘的创口与其死亡原因之间无直接因果关系，可见杨某平对彭某造成的损害是非致命性的，系普通伤害，未超过明显限度，不属于防卫过当；而杨某伟先前的行刺行为相较于彭某击打面部的行为，具有严重损害生命法益的强度，其防卫行为符合“明显超过必要限度”，并且“造成重大损害”。且根据法医鉴定报告，杨某伟的防卫行为是导致彭某死亡的直接原因，存在因果关系，因此杨某伟的防卫行为属于防卫过当，构成故意伤害罪。

(三)准备工具防卫能否阻却成立正当防卫

本案中，杨家兄弟二人都有准备刀具进行防身，准备工具防卫的最核心争议点在于预见不法侵害是否影响防卫紧迫性以及是否影响防卫意识的存在。对此，实务部门存在重大分歧：观点一认为，首先，防卫紧迫性是正当防卫成立的必备要件，即在防卫人已经预见或者应当预见不法侵害人欲实施侵害行为的情况下，该不法侵害已经不再具有紧迫性特征，且防卫人明知自身即将面临损害而采取积极对抗的方式，应当认定其不具有防卫意识；其次，正当防卫制度的目的在于通过防卫行为，制止正在发生的不法侵害，即防卫人在此情境下应当先向当地公安机关或者有关部门报告寻求救济、平息事态，或回避可能发生的不法侵害。观点二认为，首先，防卫紧迫性是客观判断而非主观判断，在不法侵害现实化阶段以前，行为人是否有所预见不应影响对侵害的紧迫性认定；其次，遇见不法侵害后积极准备工具，是否成立正当防卫，关键在于根据案件事实和证据，防卫人准备工具显然是为了防止自身受到损害，并非具有斗殴意识，并且使用防身工具的限度也必须符合法定条件。对比以上两种观点，可以发现本案争议的焦点主要集中在两个方面：一是防卫行为人事先预见到不法侵害时，是否影响防卫紧迫性的认定；二是人身安全受到威胁后积极准备防卫工具，是否一律阻却成立正当防卫。还必须对行为人是否负有退让回避义务问题进行深入检讨。

对于这三个问题，如果都得到肯定性回答，则本案中杨某平的行为便不能成立正当防卫。本案若不能成立正当防卫显然并不恰当，这是因为：

第一，防卫行为人对不法侵害是否有所预见，不应影响防卫紧迫性的具体认定。关于不法侵害的预见性与防卫紧迫性之间的关系，中外刑法理论均有过激烈的讨论。在日本，少数学者认为，对不法侵害的预见原则上应否定防卫紧迫性的存在，除非基于合理理由不回避所预期到的对方侵害。① 但大多数学者认为防卫紧迫性应当是客观判断，不应受防卫行为人主观认识影响。在我国，主流学者也多认为防卫行为人是否预见到不法侵害的发生，并不影响不法侵害正在进行的认定，只要是正在进行的不法侵害，不管防卫行为人是否事先已经预见，都可以进行正当防卫，因为不法侵害的紧迫性是一种客观事实，并不取决于行为人是否预见等主观因素。② 在预见不法侵害的问题上，关键性的症结在于行为人对不法侵害的预料及程度，是否能够左右本来应当属于正当防卫行为客观状况的侵害紧迫性判断。换言之，即对于防卫紧迫性的认定，究竟应作客观理解还是主观理解。如果作客观理解，那么就应排除侵害预期等主观因素影响，行为人即便预见到不法侵害，也不影响其对防卫紧迫性的判断；如果作主观解释，则行为人对于不法侵害的预料或积极加害意思等主观因素就会成为影响防卫紧迫性判断的具体因素，在行为人已经预见到不法侵害的情形下，将从根本上否定防卫紧迫性的存在。笔者认为，只要坚持防卫紧迫性在内容上是指对法益的侵害正在进行或正在迫近，那么就应当对防卫紧迫性作客观理解，这样，单纯对

① ［日］西田典之：《日本刑法总论》，王昭武、刘明祥译，法律出版社 2013 年版，第 139 页。

② 张宝、毛康林：《预见不法侵害并积极准备防卫工具能否阻却正当防卫》，载《中国检察官》2014 年第 22 期。

不法侵害有所预见便不会导致防卫紧迫性丧失。这是因为，正当防卫并非责任阻却事由，并非因为遭受突然袭击，而是在对客观形势和行为状况难以作出正确判断的情形下作出的虽属违法但却阻却责任的行为选择。因此，“出其不意”导致的意思压制并不是正当防卫的成立要件，为了肯定防卫的紧迫性，只要客观上存在法益侵害的危险状态就已足够，否则，如果将“突然袭击”作为判断要件的话，就会不可避免地得出以下不当结论，即在遭受反复侵害的场合，即便最初可能认定成立正当防卫，也会否定以后的行为成立正当防卫的可能。

第二，人身安全受到威胁后，行为人没有理由也没有法律规定不允许准备防身工具，不能单纯因为防卫人进行了防卫准备便否定正当防卫的成立。首先，人身安全受到威胁后至不法侵害实际发生前，行为人准备防卫工具的事实本身，并不能直接说明主观上究竟是为了斗殴还是为了防卫，其真实目的只有根据案发当时的全部案件事实及证据才能确定。事实上，行为人虽然预见到不法侵害，并因此提前准备好了防卫工具，但只要其未事先向对方发起攻击，而是在对方首先实施不法侵害行为时才使用该防卫工具进行反击，那么就不能认定行为人主观上是出于斗殴的目的，而只能认定成立正当防卫，因为，在该种情形下，防卫人事先准备的工具，在性质上显然只是防卫工具，而非作案工具。其次，从公力救济与公民个人防卫权之间的关系来看，由于防卫社会的主要职责应当由国家承担，个人法益或法秩序保护应当由国家机关根据法律程序进行，因此，当公民个人合法权益面临不法侵害时，首要的当然是向国家寻求公力救济。但是，公力救济毕竟也有其难以克服的缺陷，如救济手段十分有限、形式上又多为事后救济等。正因为此，刑法上才设立了正当防卫制度。既然立法赋予了公民正当防卫的权利，那么，当其人身、财产或其他合法权利面临不法侵害危险时，就没有理由不允许其进行必要的防卫准备，否则就与正当防卫制度的立法精神相悖。事实上，在准备防卫工具问题上，关键之处不在于行为人是否进行了准备，而在于行为人在什么样的心态支配下进行了怎样的准备。在笔者看来，客观上，只要行为人选择的防卫工具适当，防卫准备方式及行为本身不违反法律禁止性规定，如不得通过私拉电网等危害公共安全的方式进行防卫准备；主观上，不是意图通过事先准备的防卫工具积极加害对方，而是在对方对自己实施加害的情形下，为保护自己免受不法侵害而进行积极防卫，那么，在人身安全受到威胁后，行为人即使事先积极准备了防卫工具，也不应当实际影响正当防卫的性质认定，在同时具备其他要件的情形下，应当认定成立正当防卫。

本案中，彭某与杨某伟兄弟二人并不相识，突发口角，彭某扬言要找人报复时，杨某伟回应“那你来打啊”，这属于日常戏谑行为，不能够达到司法解释中关于“约架互殴”的程度，该回应不能认定杨某伟系与彭某相约打斗。兄弟二人为防卫可能发生的不法侵害，提前准备了刀具防身，这并不能说明其是持积极加害不法侵害人的故意，相反，是为制止即将可能发生的不法侵害的防卫意识。杨某伟在彭某出言挑衅并扬言报复后，准备刀具系出于防卫目的。彭某带人持械返回现场，冲至杨某伟家门口拳击其面部，杨某伟才持刀刺向彭某胸腹部，该行为是为了制止正在进行的不法侵害，无论从客观上还是主观上来看，该行为都应当被认定为防卫行为，且所持刀具还击与数人持械击打头部的行为具有相当性，未超出必要限度条件，成立正当防卫。

(四)防卫适时性问题

在本案中，杨某平通过使用刀具反击彭某等人，使弟弟杨某伟得以脱身，此时彭某已经负伤，黄某、熊某、王某与杨某平处于边退边还击的状态，虽然杨某伟之后的还击行为并未造成严重损害，但对于杨某伟起身后持折叠刀向彭某等人行刺的行为是否属于事后防卫，值得探讨。

《刑法》第二十条第一款中将正当防卫成立的时间要件描述为“正在进行”，是指从严重侵害行为开始到该行为结束的过程，在该时间段内防卫人行使防卫权需要符合防卫适时性的标准，反之则属于防卫不适时，不成立正当防卫。对“正在进行”理解的关键点在于两个时间点，分别是侵害行为的开始时间和结束时间，如何认定这两个时间点是当下正当防卫在司法实践中的重要难题之一。

对于不法侵害开始时间的认定，我国刑法学界主要有四种观点：一是“着手说”，是以刑法分则各个罪名的犯罪构成包含的实行行为开始为着手的标准，以此来作为开始时间；二是“入场说”，是指只要严重侵害行为人进入了现场，就被认定为不法侵害行为的开始时间；三是“综合说”，该说是以“着手说”为基础，同时结合案件的具体情境，以此确定何时为开始点；四是“直接面临危险说”，该说是以不法侵害的危险已经直接威胁人身安全法益，时间上紧迫，以此来确定开始时间。

对于不法侵害结束时间的认定，刑法学界也存在着几种学说观点。第一种是“行为完毕说”，主张侵害行为实施完毕时不得再实施防卫行为；第二种是“结果形成说”，是指不法侵害人意欲达到的结果已经实现，侵害行为才算结束；第三种是“危险排除说”，是指以不法侵害的行为所造成的危险状态已被排除作为侵害行为的结束点。

我国学术界目前的主流观点是“直接面临危险说”和“危险排除说”。对于侵害行为开始的时间而言，“危险”一词比较宽泛，可以在时间上适当地缓解防卫人行使防卫权的紧迫性，因为往往被侵害的一方是没有防备的，或者是处于劣势，其无法及时作出反应，过于精确侵害行为开始的时间点在一定程度上剥夺了防卫人的正当防卫机会，这不符合防卫制度的立法旨意。侵害行为结束时间的认定更多的是为了保护侵害人的法益，一味地扩大结束时间标准会造成“报复”行为的出现。前两种学说都没有注重保障被侵害人的权益，过于扩大对防卫人行使权利的时间限制，显然不符合刑法保障人权的立法目的。

尽管在学术界对于“正在进行”的理解存在主流观点，但是这并非代表其在司法实践中能够得到普遍遵循和适用，因为刑事案件往往存在滞后性，犯罪现场会随着时间的推移以及犯罪人的人为改变而变得疑难复杂，这对于时间条件的认定是个巨大的阻碍。“危险”的开始或结束需要具体结合案件的实际情况作分析，因此，时间条件的认定是适用正当防卫的重要难题。结合本案而言，杨某伟的起身还击行为应当被认定为继续防卫，因为此时杨某平与彭某等人仍处在边打边退的阶段，实际威胁并未消失，杨某伟的生命健康法益仍有被侵害的可能。但假设彭某等人因伤逃窜，杨家兄弟二人仍然继续追击行刺，那么这种情形就不符合防卫适时性的要求，属于事后防卫，应当承担刑事责任。

(五)正当防卫在司法认定中的不当倾向

从本案我们可以清楚地看到，司法实务当中对于正当防卫的认定基本上是从防卫结果入手，只要防卫结果严重就被直接宣告为防卫过当，甚至否认防卫的性质，转而认定为故意伤害。裁判者基于被害人家属、媒体舆论以及当事人双方背景各方面压力，容不得防卫者有丝毫的利益偏差，因此对于防卫尺度的把握极其严格，尤其体现在防卫行为致死的场合。另外，对于不法侵害的范围及程度认定也存在不当，这严重影响了《刑法》第二十条第三款的适用，防卫人不敢防卫成为常态。以下从三个角度入手，并结合类似案例进行对比分析：

1. 以结果为导向，倾向于认定防卫过当

司法实务中，一旦防卫人造成侵害人重伤或者死亡，法院往往认定其为防卫过当甚至直接否认其行为的防卫性质。又如在“王某全故意杀人案”①中，王某全与同在一市场内卖藕的程某发生争吵、扭打。而后，程某找来贾某、房某等人，程某等三人首先持啤酒瓶、车锁砸击王某全的头部，王某全随手拿起摊位上的刀具朝程某等人进行捅刺，三人被捅后相继逃离，最终造成两人死亡、一人重伤。法院认为王某全在遭到多人持械殴打的情况下，为保护自身安全，持刀捅刺他人，系防卫行为，但其持刀捅刺对方的要害部位，造成死伤严重后果，防卫明显超过必要限度，属于防卫过当。在生命安全受到严重威胁的情况下，法院要求王某全捅刺避开侵害人要害部位，完全是在强人所难，且法院未就双方的力量对比、持械情况对比、击打部位是否致命等进行综合考量，显然陷入了唯结果论的误区。该案与本案在案情上存在相似，一审法院和重审法院在认定杨某平使用刀具的问题上，认为杨某平在其兄弟杨某伟被多人持械殴打的情况下，为免其遭受不法侵害，持刀刺向不法侵害人，但因其持刀致不法侵害人重伤身亡，造成了严重后果，从而认定其防卫行为超过明显限度，属于防卫过当，这充分体现了在当下法院审判的背景下，大多数法院是以结果为导向，从结果来判断正当防卫是否成立，这也导致了全国正当防卫辩护成功率低的状况，对于公民行使防卫权产生不良的影响。

2. 不当限定不法侵害的范围及程度

司法实务中，一些司法裁判人员对不法侵害的范围限定过窄，导致许多防卫行为没有被认定。在“于某故意伤害案”②中，一审判决认为，虽然当时其人身自由权利受到限制，也遭到对方辱骂和侮辱，但对方未有人使用工具，在派出所已经出警的情况下，被告人于某和其母亲的生命健康权利被侵犯的现实危险性较小，不存在防卫的紧迫性，所以于某持尖刀捅刺被害人不存在正当防卫意义上的不法侵害前提，辩护人认为于某系防卫过当以此要求减轻处罚的意见法院不予采纳。法官对于长达六小时的非法拘禁仅以其人身权利受到限制一笔带过，不认为非法拘禁行为是不法侵害的来源。在本案中，彭某等人用洋镐把敲

① (2012)济刑一初字第53号。

② 最高人民法院指导案例93号。

打杨某伟头部，其生命权益已经面临严重的危险，而一审和重审法院认定该不法侵害并未达到侵害生命健康权的严重程度，现实危险性小，未达到能够适用无限防卫权的程度。此外，我们不能以上帝视角审视突发案件。本案中，杨某平腿部患有恶疾，属于九级伤残的残疾人，且腿中钉有钢板，行走十分不便，其反击能力较弱，只能依靠较高伤害的武器才能够达到对抗彭某等人持械殴打的程度。因此对于限定不法侵害的范围和程度，不能孤立看待不法侵害人的侵害程度，还应该综合考量被侵害人处在何种环境、何种特殊情况、是否拥有能够抗击的能力。

3. 双方打斗时，倾向于认定为互殴

互殴是指双方本着伤害对方的故意相互侵害对方的情形。通说认为互殴双方均不具备防卫意图，不构成正当防卫。在理论界，不少权威学者主张对互殴进行限制解释。如周光权教授认为，应当将互殴限制解释为双方事先约定的、在一定时间场所内实施的相互打斗行为。① 司法实务中，双方打斗的案件被认定为正当防卫的极少，更多的还是被认定为互殴。并且在双方打斗中的受伤害方往往成为所涉刑事犯罪的“被害人”，而另一方则被认定为不法侵害人，并且防卫的手段也易受限制，这也就导致了在双方打斗的案件中，正当防卫的成立难上加难。在“罗某坤故意伤害案”②中，罗某坤和王某有纠纷，王某持斧头欲砍杀罗某坤。罗某坤拿出随身携带的小刀反击，对准王某捅刺数刀，致使王某死亡。法院认为，罗某坤见王某持斧头朝自己冲过来，其可以采取其他方法避免严重后果的发生，但其却掏出小刀欲将王某制服，行为有“互殴”的性质，因此不能成立正当防卫。面对持斧头砍杀，防卫者所持的工具仅是小刀，其反击行为竟被认定为互殴，判决的说理不能令人信服。在本案中，杨某伟见哥哥的善意摸狗行为被狗主人无端辱骂，于是和彭某理论。言语争执中，彭某扬言要搞死杨某伟，并怒气冲冲地离开且边走边手指杨某伟让其等着，杨某伟回应“那你来打啊”。单凭这一句话并不能认定双方存在“约架”的行为，从彭某等数人携带攻击性工具并先动手时开始，双方就已经处在不均衡的对抗地位，杨家兄弟一直处于被动挨打的状态，其主观上并没有伤害的故意，当其生命健康权益受到威胁时，才使用更具攻击性的武器予以还击，防止自身出现更大的损害，因此本案不存在互殴情节。对此，张明楷教授提出了一项建议性意见，“在发生一般纠纷的过程中，先动手实施殴打行为的，是不法侵害。后动手还击的要被认定为防卫行为。这种情况不能认定为相互斗殴。双方发生纠纷时可以争，可以吵，但不能动手打人。……当然，防卫挑拨的是另一回事”③。理论上虽如此，但实务中打斗双方的先后顺序难以认定，各执一词，这便需要结合实际的事实和证据来进行判断，在作出认定前必须按照有利于被告人原则，不得因有重伤或死亡等严重结果而对被告人作有罪推定。

附：最高人民法院、最高人民检察院、公安部关于依法适用正当防卫制度的指导意见

为依法准确适用正当防卫制度，维护公民的正当防卫权利，鼓励见义勇为，弘扬社会

① 周光权：《正当防卫的司法异化与纠偏思路》，载《法学评论》2017 年第 5 期。

② (2015)内刑一终字第 76 号。

③ 张明楷：《正当防卫与防卫过当的司法认定》，载《法律适用(司法案例)》2018 年第 20 期。

正气，把社会主义核心价值观融入刑事司法工作，根据《中华人民共和国刑法》和《中华人民共和国刑事诉讼法》的有关规定，结合工作实际，制定本意见。

（一）总体要求

1. 把握立法精神，严格公正办案。正当防卫是法律赋予公民的权利。要准确理解和把握正当防卫的法律规定和立法精神，对于符合正当防卫成立条件的，坚决依法认定。要切实防止“谁能闹谁有理”“谁死伤谁有理”的错误做法，坚决捍卫“法不能向不法让步”的法治精神。

2. 立足具体案情，依法准确认定。要立足防卫人防卫时的具体情境，综合考虑案件发生的整体经过，结合一般人在类似情境下的可能反应，依法准确把握防卫的时间、限度等条件。要充分考虑防卫人面临不法侵害时的紧迫状态和紧张心理，防止在事后以正常情况下冷静理性、客观精确的标准去评判防卫人。

3. 坚持法理情统一，维护公平正义。认定是否构成正当防卫、是否防卫过当以及对防卫过当裁量刑罚时，要注重查明前因后果，分清是非曲直，确保案件处理于法有据、于理应当、于情相容，符合人民群众的公平正义观念，实现法律效果与社会效果的有机统一。

4. 准确把握界限，防止不当认定。对于以防卫为名行不法侵害之实的违法犯罪行为，要坚决避免认定为正当防卫或者防卫过当。对于虽具有防卫性质，但防卫行为明显超过必要限度造成重大损害的，应当依法认定为防卫过当。

（二）正当防卫的具体适用

5. 准确把握正当防卫的起因条件。正当防卫的前提是存在不法侵害。不法侵害既包括侵犯生命、健康权利的行为，也包括侵犯人身自由、公私财产等权利的行为；既包括犯罪行为，也包括违法行为。不应将不法侵害不当限缩为暴力侵害或者犯罪行为。对于非法限制他人人身自由、非法侵入他人住宅等不法侵害，可以实行防卫。不法侵害既包括针对本人的不法侵害，也包括危害国家、公共利益或者针对他人的不法侵害。对于正在进行的拉拽方向盘、殴打司机等妨害安全驾驶、危害公共安全的违法犯罪行为，可以实行防卫。成年人对于未成年人正在实施的针对其他未成年人的不法侵害，应当劝阻、制止；劝阻、制止无效的，可以实行防卫。

6. 准确把握正当防卫的时间条件。正当防卫必须是针对正在进行的不法侵害。对于不法侵害已经形成现实、紧迫危险的，应当认定为不法侵害已经开始；对于不法侵害虽然暂时中断或者被暂时制止，但不法侵害人仍有继续实施侵害的现实可能性的，应当认定为不法侵害仍在进行；在财产犯罪中，不法侵害人虽已取得财物，但通过追赶、阻击等措施能够追回财物的，可以视为不法侵害仍在进行；对于不法侵害人确已失去侵害能力或者确已放弃侵害的，应当认定为不法侵害已经结束。对于不法侵害是否已经开始或者结束，应当立足防卫人在防卫时所处情境，按照社会公众的一般认知，依法作出合乎情理的判断，不能苛求防卫人。对于防卫人因为恐慌、紧张等心理，对不法侵害是否已经开始或者结束产生错误认识的，应当根据主客观相统一原则，依法作出妥当处理。

7. 准确把握正当防卫的对象条件。正当防卫必须针对不法侵害人进行。对于多人共同实施不法侵害的，既可以针对直接实施不法侵害的人进行防卫，也可以针对在现场共同实施不法侵害的人进行防卫。明知侵害人是无刑事责任能力人或者限制刑事责任能力人的，应当尽量使用其他方式避免或者制止侵害；没有其他方式可以避免、制止不法侵害，或者不法侵害严重危及人身安全的，可以进行反击。

8. 准确把握正当防卫的意图条件。正当防卫必须是为了使国家、公共利益、本人或者他人的人身、财产和其他权利免受不法侵害。对于故意以语言、行为等挑动对方侵害自己再予以反击的防卫挑拨，不应认定为防卫行为。

9. 准确界分防卫行为与相互斗殴。防卫行为与相互斗殴具有外观上的相似性，准确区分两者要坚持主客观相统一原则，通过综合考量案发起因、对冲突升级是否有过错、是否使用或者准备使用凶器、是否采用明显不相当的暴力、是否纠集他人参与打斗等客观情节，准确判断行为人的主观意图和行为性质。

因琐事发生争执，双方均不能保持克制而引发打斗，对于有过错的一方先动手且手段明显过激，或者一方先动手，在对方努力避免冲突的情况下仍继续侵害的，还击一方的行为一般应当认定为防卫行为。

双方因琐事发生冲突，冲突结束后，一方又实施不法侵害，对方还击，包括使用工具还击的，一般应当认定为防卫行为。不能仅因行为人事先进行防卫准备，就影响对其防卫意图的认定。

10. 防止将滥用防卫权的行为认定为防卫行为。对于显著轻微的不法侵害，行为人在可以辨识的情况下，直接使用足以致人重伤或者死亡的方式进行制止的，不应认定为防卫行为。不法侵害系因行为人的重大过错引发，行为人在可以使用其他手段避免侵害的情况下，仍故意使用足以致人重伤或者死亡的方式还击的，不应认定为防卫行为。

(三)防卫过当的具体适用

11. 准确把握防卫过当的认定条件。根据刑法第二十条第二款的规定，认定防卫过当应当同时具备“明显超过必要限度”和“造成重大损害”两个条件，缺一不可。

12. 准确认定“明显超过必要限度”。防卫是否“明显超过必要限度”，应当综合不法侵害的性质、手段、强度、危害程度和防卫的时机、手段、强度、损害后果等情节，考虑双方力量对比，立足防卫人防卫时所处情境，结合社会公众的一般认知作出判断。在判断不法侵害的危害程度时，不仅要考虑已经造成的损害，还要考虑造成进一步损害的紧迫危险性和现实可能性。不应当苛求防卫人必须采取与不法侵害基本相当的反击方式和强度。通过综合考量，对于防卫行为与不法侵害相差悬殊、明显过激的，应当认定防卫明显超过必要限度。

13. 准确认定“造成重大损害”。“造成重大损害”是指造成不法侵害人重伤、死亡。造成轻伤及以下损害的，不属于重大损害。防卫行为虽然明显超过必要限度但没有造成重大损害的，不应认定为防卫过当。

14. 准确把握防卫过当的刑罚裁量。防卫过当应当负刑事责任，但是应当减轻或者免除处罚。要综合考虑案件情况，特别是不法侵害人的过错程度、不法侵害的严重程度以及防卫人面对不法侵害的恐慌、紧张等心理，确保刑罚裁量适当、公正。对于因侵害人实施严重贬损他人人格尊严、严重违反伦理道德的不法侵害，或者多次、长期实施不法侵害所引发的防卫过当行为，在量刑时应当充分考虑，以确保案件处理既经得起法律检验，又符合社会公平正义观念。

（四）特殊防卫的具体适用

15. 准确理解和把握“行凶”。根据刑法第二十条第三款的规定，下列行为应当认定为“行凶”：(1)使用致命性凶器，严重危及他人人身安全的；(2)未使用凶器或者未使用致命性凶器，但是根据不法侵害的人数、打击部位和力度等情况，确已严重危及他人人身安全的。虽然尚未造成实际损害，但已对人身安全造成严重、紧迫危险的，可以认定为“行凶”。

16. 准确理解和把握“杀人、抢劫、强奸、绑架”。刑法第二十条第三款规定的“杀人、抢劫、强奸、绑架”，是指具体犯罪行为而不是具体罪名。在实施不法侵害过程中存在杀人、抢劫、强奸、绑架等严重危及人身安全的暴力犯罪行为的，如以暴力手段抢劫枪支、弹药、爆炸物或者以绑架手段拐卖妇女、儿童的，可以实行特殊防卫。有关行为没有严重危及人身安全的，应当适用一般防卫的法律规定。

17. 准确理解和把握“其他严重危及人身安全的暴力犯罪”。刑法第二十条第三款规定的“其他严重危及人身安全的暴力犯罪”，应当是与杀人、抢劫、强奸、绑架行为相当，并具有致人重伤或者死亡的紧迫危险和现实可能的暴力犯罪。

18. 准确把握一般防卫与特殊防卫的关系。对于不符合特殊防卫起因条件的防卫行为，致不法侵害人伤亡的，如果没有明显超过必要限度，也应当认定为正当防卫，不负刑事责任。

（五）工作要求

19. 做好侦查取证工作。公安机关在办理涉正当防卫案件时，要依法及时、全面收集与案件相关的各类证据，为案件的依法公正处理奠定事实根基。取证工作要及时，对冲突现场有视听资料、电子数据等证据材料的，应当第一时间调取；对冲突过程的目击证人，要第一时间询问。取证工作要全面，对证明案件事实有价值的各类证据都应当依法及时收集，特别是涉及判断是否属于防卫行为、是正当防卫还是防卫过当以及有关案件前因后果等的证据。

20. 依法公正处理案件。要全面审查事实证据，认真听取各方意见，高度重视犯罪嫌疑人、被告人及其辩护人提出的正当防卫或者防卫过当的辩解、辩护意见，并及时核查，以准确认定事实、正确适用法律。要及时披露办案进展等工作信息，回应社会关切。对于依法认定为正当防卫的案件，根据《刑事诉讼法》的规定，及时作出不予立案、撤销案件、不批准逮捕、不起诉的决定或者被告人无罪的判决。对于防卫过当案件，应当依法适用认罪认罚从宽制度；对于犯罪情节轻微，依法不需要判处刑罚或者免除刑罚的，人民检察院可以作出不起诉决定。对于不法侵害人涉嫌犯罪的，应当依法及时追诉。人民法院审理第一审的涉正当防卫案件，社会影响较大或者案情复杂的，由人民陪审员和法官组成合议庭进行审理；社会影响重大的，由人民陪审员和法官组成七人合议庭进行审理。

21. 强化释法析理工作。要围绕案件争议焦点和社会关切，以事实为根据、以法律为准绳，准确、细致地阐明案件处理的依据和理由，强化法律文书的释法析理，有效回应当事人和社会关切，使办案成为全民普法的法治公开课，达到办理一案、教育一片的效果。要尽最大可能做好矛盾化解工作，促进社会和谐稳定。

22. 做好法治宣传工作。要认真贯彻“谁执法、谁普法”的普法责任制，做好以案说法工作，使正当防卫案件的处理成为全民普法和宣扬社会主义核心价值观的过程。要加大涉正当防卫指导性案例、典型案例的发布力度，旗帜鲜明保护正当防卫者和见义勇为人的合法权益，弘扬社会正气，同时引导社会公众依法、理性、和平解决琐事纠纷，消除社会戾气，增进社会和谐。

第二章　终身监禁制度的司法适用问题
——白某培受贿案[①]

一、案情简介

2016年6月16日，河南省安阳市中级人民法院一审公开开庭审理了全国人大环境与资源保护委员会原副主任委员白某培受贿、巨额财产来源不明一案。经一审审理查明：2000年至2013年，被告人白某培先后利用担任青海省委书记、云南省委书记、全国人大环境与资源保护委员会副主任委员等职务上的便利以及职权和地位形成的便利条件，为他人在房地产开发、获取矿权、职务晋升等事项上谋取利益，直接或者通过其妻非法收受他人财物，共计折合人民币2.46764511亿元；白某培还有巨额财产明显超过合法收入，差额特别巨大，不能说明来源。安阳市中级人民法院经审理认为，被告人白某培的行为分别构成受贿罪和巨额财产来源不明罪，应当数罪并罚。其中，白某培受贿数额特别巨大，犯罪情节特别严重，社会影响特别恶劣，给国家和人民利益造成特别重大损失，论罪应当判处死刑。鉴于其到案后，如实供述自己罪行，主动交代办案机关尚未掌握的大部分受贿犯罪事实，认罪悔罪，且赃款赃物已全部追缴，具有法定、酌定从轻处罚情节，对其判处死刑，可不立即执行。安阳市中级人民法院遂对被告人白某培以受贿罪判处死刑，缓期二年执行，剥夺政治权利终身，并处没收个人全部财产。同时，根据白某培的犯罪事实和情节，依据刑法的有关规定，决定在其死刑缓期执行二年期满依法减为无期徒刑后，终身监禁，不得减刑、假释；以巨额财产来源不明罪判处有期徒刑十年。决定执行死刑，缓期二年执行，剥夺政治权利终身，并处没收个人全部财产，在其死刑缓期执行二年期满依法减为无期徒刑后，终身监禁，不得减刑、假释。对白某培受贿所得财物和来源不明的财产予以追缴，上缴国库。

随着白某培的锒铛入狱，《中华人民共和国刑法修正案(九)》(以下简称《刑法修正案(九)》)出台后的首个适用终身监禁制度的案件尘埃落定。由此，《刑法修正案(九)》所确立的终身监禁制度从立法走向了司法，从理论走向了实践。然而从该项制度在我国刑法中确立之日起，对终身监禁制度的研究与争论就从未停止。终身监禁作为《刑法修正案(九)》在我国刑法中新增设的针对严重腐败犯罪适用的介于死刑立即执行与一般死缓之间

① (2016)豫05刑初18号。

的刑罚执行措施，立法者赋予其替代死刑立即执行和严肃惩治严重腐败犯罪之双重功能，在数年后的今天，我们从白某培案这一最初的司法实践出发来审视我国刑法中的终身监禁制度仍然具有极其重要的意义。

二、案例分析

(一)从旧兼从轻的刑法溯及力原则

所谓从旧兼从轻原则是指，刑事案件原则上适用行为时的法律，但行为后的新法之定罪处罚更轻，对被告人更有利的，则适用新法。白某培的受贿行为发生在2013年以前，而《刑法修正案(九)》的施行日期是2015年11月1日。在白某培案审理的前后过程中，关于《刑法修正案(九)》中新确立的终身监禁制度之溯及力的讨论就开始了。就此问题，刑法学界主要有三种观点：一是认为终身监禁新规不应具有溯及既往的效力，其主要理由是认为终身监禁的规定实质上提高了对贪污受贿犯罪刑罚处罚的严厉程度，即新法较重；二是认为终身监禁新规应当具有溯及既往的效力，其主要理由是《刑法修正案(九)》提高了贪污受贿犯罪判处死刑的门槛，并将犯罪后被提起公诉前如实供述罪行，真诚认罪、悔罪，积极退赃以及避免、减少损害结果发生等原来的酌定从宽情节改为法定从宽量刑情节，其有关贪污受贿犯罪量刑的规定(包括终身监禁新规)从总体上看更有利于被告人，即新法较轻；三是主张区分情况分别对待，认为应当结合终身监禁新规慎用死刑立即执行的立法本意、贪污受贿定罪量刑标准的立法修改与司法规则调整、贪污受贿案件酌定从宽情节修改为法定从宽情节等方面，来综合衡量终身监禁新规与原有刑法规范规定的刑罚轻重，主张对依照修正前刑法应当判处死刑立即执行而依照修正后刑法可判处死缓的即适用新规(此时新法较轻)，而对依照修正前刑法本就应当判处死缓的则不应适用终身监禁的新规(此时旧法较轻)。

第三种观点成为当今刑法学界的主流观点。立法机关在《刑法修正案(九)(草案)》审议过程中曾对终身监禁的立法精神和立法本意予以阐明，即对贪污受贿数额特别巨大、情节特别严重的犯罪分子，特别是其中本应当判处死刑(立即执行)的，根据慎用死刑的刑事政策，结合案件的具体情况，对其判处死刑缓期两年执行依法减为无期徒刑后，采取终身监禁的措施，有利于体现罪刑相适应的刑法原则，维护司法公正，防止在司法实践中出现这类罪犯通过减刑等途径服刑期过短的情形，符合宽严相济的刑事政策。据此，《刑法修正案(九)》规定了对特重大贪污受贿犯罪的死缓犯终身监禁的制度。

可见，从立法精神与立法本意上看，此项规定首先是旨在对属于非暴力犯罪的贪污受贿犯罪慎用死刑立即执行，对本应判处死刑立即执行的特重大贪污受贿犯罪分子，综合案件各种从宽情节(主要是法定、酌定从宽情节)判处其死缓；同时又综合案件各种从严情节(主要是法定、酌定从严情节)对其死缓两年期满减为无期徒刑后附加终身监禁(不得减刑、假释)的严惩措施。从而，在慎用、少用死刑立即执行的基础上从严惩处特重大贪污受贿罪犯，力图贯彻宽严相济的刑事政策精神。2016年4月18日公布施行的《最高人民法院、最高人民检察院关于办理贪污贿赂刑事案件适用法律若干问题的解释》(以下简称

《贪污贿赂解释》)第四条，通过规定死刑的适用条件(第一款)、一般死缓(第二款)、附加终身监禁的死缓(第三款)，进一步阐释和贯彻了《刑法修正案(九)》在《刑法》第三百八十三条第四款新增设的终身监禁措施之立法原意及其与一般死缓的区别。前述第三种观点之分两种情况解决终身监禁新规有无溯及力的主张，在笔者看来，实际上也正是2015年11月1日起施行的《最高人民法院关于〈中华人民共和国刑法修正案(九)〉时间效力问题的解释》(以下简称《时间效力解释》)的主张。根据《时间效力解释》第八条的规定：对于2015年10月31日以前实施贪污、受贿行为，罪行极其严重，根据修正前刑法判处死缓不能体现罪刑相适应原则(即原本应当判处死刑立即执行)，而根据修正后刑法判处死缓同时附加终身监禁可以罚当其罪的，适用修正后《刑法》第三百八十三条第四款。此种情况下，《刑法修正案(九)》修正后的死缓犯终身监禁的新规较原刑法判处死刑立即执行为轻，因而采“从轻”原则，新规具有溯及既往的效力；若根据修正前刑法判处死缓即足以罚当其罪(即原本就应当判处死缓)的，则不适用修正后《刑法》第三百八十三条第四款死缓犯终身监禁的规定，即这种情况下若适用修正后刑法规定的附加终身监禁的死缓比根据原刑法判处的死缓要重，因而采“从旧”原则，新法无溯及既往的效力。

由上分析可见，《时间效力解释》以依照修订前刑法应当判处死刑立即执行还是应当判处死缓为界限，确定终身监禁新规是否具有溯及力，可以说，正确把握了我国刑法所确立的“从旧兼从轻”的溯及力原则。不仅如此，笔者认为，《时间效力解释》第八条的上述规定，还明确和强调了终身监禁新规仅适用于原本应当判处死刑立即执行而根据具体案情从宽适用死缓的情形，而不能适用于原本应当判处死缓的贪污受贿犯罪之立法本意。依此立法本意及司法解释之强调，对终身监禁新规必须严格掌握，慎重适用。

具体到白某培案而言，根据一审法院审理查明的事实，其受贿数额特别巨大，犯罪情节特别严重，若依据《刑法修正案(九)》修订前的《刑法》第三百八十三条之规定及当时的司法实务，其受贿犯罪应当判处死刑立即执行；但由于其具有法定、酌定从宽处罚情节，判处其死缓附加终身监禁可以罚当其罪，所以法院本着“从轻”的溯及力原则选择适用了死缓附加终身监禁的新规，这一适用法律选择是完全正确的，兼顾了慎用死刑立即执行与严惩腐败犯罪的双重需要，应当予以充分肯定。故此应当认定法院在白某培案件的判决中对其适用终身监禁制度是符合刑法的适用原则的。

(二)罪责刑相适应的刑法原则

罪责刑相适应原则，要求刑罚给予的处罚不仅要和犯罪行为的危害程度相适应，而且还要与行为人的刑事责任相适应，即结合行为人的主观恶性和人身危险性的大小，把握罪行和罪犯各个方面的因素，确定刑事责任的程度，适用轻重相应的刑罚。简言之就是重罪重罚、轻罪轻罚、罪刑相称、罚当其罪。

依照修正后的《刑法》第三百八十三条和第三百八十六条的规定，犯贪污罪、受贿罪，犯罪数额特别巨大，并使国家和人民利益遭受特别重大损失的，处无期徒刑或者死刑，并处没收财产；符合上述规定情形被判处死刑缓期执行的，法院根据犯罪情节等情况可以同时决定在其死刑缓期执行二年期满依法减为无期徒刑后，终身监禁，不得减刑、假释。依照《贪污贿赂解释》第四条的规定，贪污、受贿数额特别巨大，犯罪情节特别严重、社会影响特别恶劣、给国家和人民利益造成特别重大损失的，可以判处死刑；符合上述规定情形的，法院根据犯罪情节等情况可以判处死刑缓期二年执行，同时裁判决定在其死刑缓期执行二年期满依法减为无期徒刑后，终身监禁，不得减刑、假释。可见，《刑法》规定的贪污罪、受贿罪的死刑适用条件有两条：一是犯罪数额特别巨大；二是使国家和人民利益遭受特别重大损失。《贪污贿赂解释》第四条对贪污罪、受贿罪规定的死刑适用条件为四条，即在刑法规定的上述两条之外，又增加了“犯罪情节特别严重”“社会影响特别恶劣”两条。《贪污贿赂解释》在刑法规定的两个条件的基础上又增加两条，这在法理上属于限缩性解释，其作用是进一步严格了死刑适用的标准，从实质上是符合罪刑法定原则之保障人权精神的，应当予以肯定。当然还要指出，上述贪污罪、受贿罪适用死刑的四个条件中，除数额标准《贪污贿赂解释》已有规定外，其他三个条件(犯罪情节特别严重、社会影响特别恶劣、使国家和人民利益遭受特别重大损失)之含义、情形以及它们彼此之间的关系，都急需最高司法机关以司法解释予以明确，以保证司法实务中正确而统一地掌握和运用。

结合上述刑法法条和司法解释的规定，并考虑相关立法修正的原意和司法实务经验，笔者认为，终身监禁新规的适用条件有三个：一是适用对象限于构成贪污罪、受贿罪的被告人；二是行为人的贪污、受贿犯罪符合修正后《刑法》第三百八十三条和《贪污贿赂解释》第四条规定的死刑适用条件并依法被判处死刑；三是在死刑执行方式选择上，根据其犯罪情节等情况，法院经衡量认为，选择死刑立即执行方式过重，选择原有的死刑缓期二年执行方式(即死缓二年期满减为无期徒刑后允许减刑、假释)又偏轻，而选择新增设的死缓附加终身监禁(即死缓二年期满被依法减为无期徒刑后，终身监禁，不得减刑、假释)则处罚轻重适当。

具体联系本案，白某培案是否符合上述死缓犯附加终身监禁的适用条件？笔者认为，可以从以下几个方面进行分析。首先，白某培作为国家工作人员，利用职务上的便利收受他人财物并为行贿者谋取利益，其权钱交易的涉案行为触犯受贿罪的规定，他是受贿罪的被告人，符合第一个条件自不待言。其次，白某培的受贿行为符合受贿罪的死刑适用条件。先看其受贿数额问题。受贿数额特别巨大是《刑法》第三百八十三条、第三百八十六条规定的受贿罪适用死刑的首要条件；《贪污贿赂解释》第三条将受贿数额在 300 万元以上的规定为“数额特别巨大”，载明要依法判处十年以上有期徒刑、无期徒刑或者死刑；《刑法修正案(九)》颁布实施后，理论界倾向于可以判处死刑立即执行的受贿数额是 1 亿元以上(当然，此时还要求同时具备犯罪情节特别严重、社会影响特别恶劣、给国家和人民利益造成特别重大损失)。而白某培受贿数额 2.4 亿余元，数额特别巨大，为近年来此类案件所罕见，也许可以说是创下了我国迄今查处的贪污、受贿犯罪的数额纪录，其完全具备了受贿罪适用死刑要求的数额特别巨大的条件；而且一审法院还认定其受贿犯罪行为之犯罪情节特别严重、社会影响特别恶劣、使国家和人民利益遭受了特别重大的损失。因此，其受贿犯罪行为依据修正后的《刑法》第三百八十三条、第三百八十六条和《贪污贿赂解释》第四条第一款衡量，都完全符合判处死刑的标准和条件，若不考虑其案发后的从宽情节，基本上应当考虑判处其死刑立即执行。因此，一审法院依法认定白某培犯受贿罪，判处死刑。最后，关于死刑执行方式的选择。根据一审法院在查明案件事实基础上的认定，白某培在到案后具有法定、酌定的从宽情节，其具备的法定从宽情节是坦白，白某培到案后如实供述了自己的罪行，尤其是主动交代了办案机关尚未掌握的大部分受贿犯罪事实。按照《刑法》第六十七条第三款关于坦白的规定，犯罪嫌疑人虽不具有法定的自首情节，但是如实供述自己罪行的，可以从轻处罚。白某培如实供述自己罪行的行为构成坦白，而且因为其中大部分受贿犯罪事实为办案机关所未掌握，可以说这部分还在一定意义上具有同种罪行的自首性质而更具有应予从宽处罚的意义。白某培具备的酌定从宽情节是认罪、悔罪，赃款赃物已全部追缴。这些犯罪后的法定、酌定从宽情节，说明行为人的人身危险性和改造困难程度相对降低，从预防犯罪的刑罚目的考虑，我国司法实务中一般都在量刑时适当从宽处理。因此，在对白某培根据其受贿犯罪的主客观事实依法对其判处死刑的基础上，综合考虑其一方面具有上述法定、酌定从宽情节，不必判处死刑立即执行而可以判处死刑缓期二年执行；另一方面又鉴于其毕竟具备犯罪数额特别巨大且犯罪情节特别严重、社会影响特别恶劣、给国家和人民利益造成特别重大损失的全案应予以从重处罚的犯罪情况，法院对其选择适用了死缓附加终身监禁的新规，即在判处其死刑缓期二年执行的同时，决定在其死缓执行二年期满依法减为无期徒刑后，终身监禁，不得减刑、假释。

故此，对白某培受贿犯罪行为判处死缓并附加终身监禁，是完全符合这一新的法律规范及相关司法解释所规定的适用条件的，其法律适用是正确而妥当的。对白某培案的判决可以说是对严重的贪污受贿犯罪融宽严于一体的新举措，其具体体现在两个方面。首先，就严的一方面来讲，终身监禁意味着即使在经过了两年的死缓执行考验期减为无期徒刑后，也没有减刑和假释的机会。在这个制度出现之前，只有累犯以及部分严重暴力型犯罪不得假释，所有的犯罪都是可以减刑的，限制减刑的罪犯仍可减刑，但是《刑法修正案(九)》对于终身监禁的规定就没有减刑与假释之可能性，不可不谓规定之严厉。其次，从其宽的一方面来讲，适用终身监禁是有诸多限制条件的，只能是被判处死刑缓期执行的贪污受贿犯罪，而且要没有法定减轻的情节，对于要溯及既往的案件还必须是依据当时的法律应当被判处死刑立即执行，而适用现在的法律可以被判处死刑缓期执行同时终身监禁。从这个层面上，体现了宽的精神。所以可以说白某培案的判决是宽严相济、符合刑法罪责刑相适应原则的。

(三)终身监禁制度在废除死刑进程中的意义

白某培被适用终身监禁，在我国刑事司法领域无疑有着里程碑式的意义，这代表着我国推进贪污贿赂犯罪废除死刑的进程开始走向实践，在司法领域迈开了一大步，其在整个国内刑法发展史上都是具有重大意义的。随着我国限制、废除死刑进程的逐步推进，死刑罪名的进一步削减将面临越来越大的阻力。逐步限制、废除死刑的目标不能仅仅依赖刑法理想的指引，而应当更多地诉诸务实的策略。研究表明，在当代中国，虽然多数民众仍然一般性地支持死刑，但是，如果提供了适当的死刑替代措施，民意对死刑的支持率则会迅速而明显地下滑，即使是多数支持死刑的民众也会转而接受以死刑替代措施替代死刑。我国民众对死刑替代措施的态度与将死刑作为威慑手段的威慑观念显著相关，此外还受到自然状况、传媒依赖、社会不公遭遇、司法信任、法治意识和社会问题评价等一系列主客观因素的影响。各种相关研究充分说明，我国民众的死刑态度并非铁板一块、不可撼动，如果提供了恰当的死刑替代措施，多数中国民众实际上已经无条件或者有条件地接受了废止死刑。民意对死刑存废的政策决策与制度设计提供了正当性与合法性支持，着眼于慎用死刑、少用死刑乃至于最终废止死刑的刑事政策目标，死刑替代措施应当成为达成这一目标的重要策略选择。

在世界范围内，终身监禁是一种非常普遍的死刑替代措施，尽管其中不得假释的终身监禁面临着诸多质疑，但在以美国为代表的一些国家仍然广泛适用。理论上关于不得假释的终身监禁的评价存在两极化的趋势，在合宪性审查、刑罚目的、监狱管理、经济成本以及死刑替代功效等方面，都存在两种截然不同的立场，并且双方都不乏实证数据的支持。我国自《中华人民共和国刑法修正案(八)》和《刑法修正案(九)》颁布实施以来，逐渐形成了以一般死缓、限制减刑死缓和终身监禁的死缓三位一体的多元死刑替代模式。死刑替代措施的制度设计，应当依照现有死刑罪名的法益侵害程度和死刑废除的难度，结合我国实际国情与刑罚结构现状，采取轻重有别的死刑替代措施。终身监禁的死缓制度的正当性与妥当性的衡量，要回归本国国情与本土经验。立足于中国的立法、司法、民意、文化和政策五个维度，终身监禁的死缓作为一种死刑替代措施，在我国具有谨慎适用的余地。

《刑法修正案(九)》中创设的终身监禁的死缓制度，是构建多元化死刑替代措施模式，探索通过死刑替代措施，达成慎用死刑、少用死刑乃至最终废止死刑的刑事政策目标的重要举措。不同于美国不得假释的终身监禁，我国终身监禁的死缓从属于死刑缓期执行制度，并且只适用于个罪而不具有普遍效力。同时，为了避免终身监禁的死缓制度的异化，未来将其作为死刑替代措施扩大适用时，应当在刑罚宽缓化的基本规范目的指引下进行。根据比例性原则，终身监禁的死缓作为多元死刑替代模式中最为苛厉的一种死刑替代措施，将来如果进一步推广，也只应适用于那些不法与罪责程度最重、死刑废除难度最大的极少数死刑罪名。为了避免学理解释或者司法解释偏离立法原意从而损害立法权威，对于被判处终身监禁的死缓的罪犯，无论是在死缓考验期限内，还是在死缓考验期满依法减为无期徒刑以后的刑罚执行过程中，即使其有重大立功表现，都不能适用刑法关于重大立功减刑的规定。死刑替代措施的刑罚理念与制度实践值得提倡，它是立足于我国基本国情逐步限制、减少乃至最终废除死刑的策略选择与务实举措。在日益艰难的死刑废除进程中，死刑替代措施能够开辟出一条迂回前进的新路径。它不仅能够获得公众意见的广泛支持，顺势推动决策者的政治决策与立法者的制度安排，也能在很大程度上避免减少、控制乃至最终废除死刑的“硬着陆”，实现我国刑罚轻缓化的平稳过渡。终身监禁是否可用，一直是人们争论不休的话题，甚至有许多人认为终身监禁在我国仅有着立法中的象征意义，并不会真正适用。但是自白某培案开始，终身监禁开始了其真正的司法适用进程，这也是我国在深化死刑改革路上迈出的具有历史意义的一步，标志着我国开始了探索如何去改革余下的四十多项死刑罪名的进程。

(四)对于终身监禁制度正当性的质疑

终身监禁制度的立法创举与司法实践无疑是中国刑法的进步，然而学界对于终身监禁制度的正当性的质疑之声也同样不绝于耳。

有观点就认为，终身监禁是重刑主义的体现，不能实现一般预防。因为按照一般预防的观点，越是重刑，越能威慑潜在的犯罪人，越能培养国民对法的忠诚和信赖。① 挪威学者安德聂斯指出，除了个别例外，刑法的一般预防效果通常都随着惩戒措施的严厉化而增加，严刑重典可以造成盲目服从的效果。② 终身监禁是重刑主义的体现，其被作为死刑的限制或替代措施来发挥一般预防的效果。然而，实现一般预防并不依赖包括终身监禁在内的重刑。其一，一般预防的局限性决定了重刑不能实现一般预防。有学者指出，一般预防具有局限性，表现为一般预防因人而异、因罪而异、因地而异、因群而异、因行而异。③ 据此，对于精神病患者、易冲动者、人格错乱者、身处绝境者等，无论何种刑罚都不能产生一般预防的效果；对基于政治信仰的犯罪、与隐癖有关的犯罪，重刑也难收到一般预防之效；在尊重法律的国家，轻刑即可实现一般预防，而在违法之风盛行的国家，即使重刑也无济于事；亚文化群体中由于存在与刑法规范相冲突的纪律，重刑的威吓作用被群体纪律的威吓作用所削弱或抵消；在执法不严肃的情况下，即使再重的刑罚也无助于实现一般预防。一般预防的局限性说明，一般预防并非预防犯罪的灵丹妙药，那种认为包括终身监禁在内的重刑能够预防犯罪的观点难以成立。其二，重刑会导致刑罚的确定性降低，从而阻碍一般预防的实现。一般预防的实现所仰仗的是刑罚的确定性，而不是刑罚的严厉性。“即便是最小的恶果，一旦成了确定的，就总令人心悸。”④罗克辛指出，在有犯罪倾向的人中，只有一部分人能够被威慑，对于这部分人而言，不是刑罚的严厉程度，而是被抓住的风险程度对其发挥了威慑作用，由此可以得出结论：不应通过增加刑罚的严厉程度，而应通过加强刑事追究，来实现更大的一般预防效果。⑤ 在刑罚威慑力不变的前提下，刑罚的严厉性和刑罚的确定性之间存在此消彼长的关系。边沁指出，刑罚的确定性越小，其严厉性就应该越大；刑罚越确定，所需的严厉性就越小。⑥ 这从一个侧面解释了我国之所以仅对贪污受贿犯罪设置终身监禁，是因为该类犯罪隐蔽性强，查处难度大。然而，无论对何种犯罪设置包括终身监禁在内的重刑，都并非明智之举。一方面，重刑的存在会使罪犯由于惧怕遭受严刑，在实施犯罪之前为逃避惩罚而进行更为周密的计划，从而增加刑事追究的难度；另一方面，重刑的存在可能会使立法者、司法者及公众错误地认为凭借重刑就足以对潜在犯罪人形成有效的威慑，于是就不会再加大司法资源的投入来提高案件的侦破数量，减少犯罪黑数。总之，重刑会使刑罚的确定性降低，一般预防难以实现。

另一个观点是，终身监禁如若扩大适用，必然导致监狱内老年囚犯增多。与年老相伴的体衰，一方面会使囚犯的劳动能力逐渐丧失，不能再为监狱创造经济价值；另一方面会使囚犯的健康状况不断恶化，对医疗护理的需求相应增加。当服终身监禁的囚犯患有严重

---

① 吴玉萍：《终身监禁正当性之检讨》，载《法学》2020年第10期。

② ［挪威］约翰尼斯·安德聂斯：《刑罚与预防犯罪》，钟大能译，法律出版社1983年版，第47页。

③ 邱兴隆：《刑罚理性辩论——刑罚的正当性批判》，中国检察出版社2018年版，第85~90页。

④ ［意］贝卡利亚：《论犯罪与刑罚》，黄风译，中国大百科全书出版社1993年版，第59页。

⑤ ［德］克劳斯·罗克辛：《德国刑法学总论》，王世洲译，法律出版社2005年版，第42页。

⑥ ［英］吉米·边沁：《立法理论——刑法典原理》，孙力等译，中国人民公安大学出版社1993年版，第69页。

疾病时，根据《中华人民共和国刑事诉讼法》(以下简称《刑事诉讼法》)第二百六十五条的规定，因其不是被判有期徒刑的罪犯而不符合暂予监外执行的条件，不能保外就医，只能依赖监狱进行救治。上述因素的综合作用必然导致监狱财政负担加重。对此，美国的情况可以作为参考。在美国，终身监禁是造成监狱老龄化及由此产生的监狱财政负担加重的一项重要原因。根据美国皮尤慈善信托基金会的一项研究结果，美国老年人入狱人数增加及政府将延长刑期作为一种公共安全策略，导致近年美国老年囚犯人数激增。从 1999 年到 2016 年，美国州和联邦监狱中 55 岁以上的人数增长了 280%，老年囚犯占监狱总人数的比例从 3%上升到了 11%。监狱里的老年囚犯更有可能患上痴呆、行动不便、听力和视力丧失及慢性病，因此，老年囚犯对监狱预算的影响越来越大。据估计，关押 55 岁以上患有慢性病或绝症的人每年的花费是其他所有人的平均两到三倍。① 该基金会的另一份报告称，2015 年美国在监狱卫生保健服务上的支出大概占监狱总开支的五分之一，监狱人口老龄化使得治疗慢性病已经成为州立监狱日益增长的一项开支。② 我国终身监禁的适用规模如果保持在现有水平，对监狱财政负担的影响或许不足为虑，但若扩大终身监禁的适用范围和适用规模，对监狱财政负担的影响就不容小觑。

对于终身监禁之正当性之质疑，总结来说就是终身监禁的立论根据是报应、剥夺犯罪能力和威慑，三者并非互相结合而是各自独立作为刑罚正当化根据来阐释终身监禁的正当性。将这些立论根据纳入优先理论进行检讨：所谓的“报应”是罪刑失衡的绝对报应；所谓的“剥夺犯罪能力”是排斥再社会化的消极特殊预防；所谓的“威慑”侵犯了人的尊严，体现了重刑主义。因此，终身监禁不具有正当性。检讨终身监禁的正当性，能够为我国终身监禁未来的立法抉择提供指引：一方面，终身监禁不具备报应的正义性和预防犯罪的合理性，不是一种正当的刑罚，但因其具有符合宽严相济的刑事政策、填补刑罚格差及限制死刑的积极价值，权衡利弊，应当对其进行改革；另一方面，终身监禁的设置应当顾及犯罪人的再社会化，采用限制减刑、假释的终身监禁，其适用范围、最低服刑期限的确定及在刑法体系中的定位应当以实现罪刑均衡为标准，如此，限制减刑、假释的终身监禁即能以罪刑均衡并虑及再社会化的公正报应来实现一般预防的目的构想。此乃我国终身监禁未来的改革方向。这些质疑虽然锋芒毕露，但其中对于终身监禁制度法理与刑事政策层面的深入思考也同样有着相当的合理性。这样的理论争鸣将成为我国未来刑事立法、司法制度改革路上的指引，其作用不可小觑。

贪污罪、受贿罪终身监禁制度的确立，标志着我国反腐事业已经进入一个新的阶段。终身监禁制度在世界范围内有着广泛的研究和应用，国外的经验表明，终身监禁不管是作为一个独立的刑种，还是仅仅是一种特殊的刑法措施，它的合理设置都在一个国家的刑法架构中起着举足轻重的作用。我国《刑法修正案(九)》对终身监禁的设立，有着深厚的历

---

① 参见 Matt Mckillop, Ales Boucher, “Aging Prison Populations Drive Up Costs,” https://www.pewtrusts.org/en/research-and-analysis/articles/2018/02/20/aging-prison-populations-drive-up-costs, Last Accessed: July 16, 2020。

② 参见 Prison Health Care Costs and Quality, https://www.pewtrusts.org/en/research-and-analysis/reports/2017/10/prison-healthcare-costs-and-quality, Last Accessed: July 16, 2020。

史背景，同时也为我国的司法改革翻开了新的篇章。从对白某培案的分析与深思中，可以明显感觉到终身监禁制度在司法实践中所体现的优势，这为我国一直在探寻的刑法体系的科学架构提供了新的视角，也为我国短期内无法废除的死刑罪名“少杀慎杀”提供了替代性的刑罚措施。白某培案的判决距今已过去多年，但从该案所开启的刑法改革从未停止脚步，在历史的角度展望未来，相信我国刑法制度与架构将会日益完善，在全面依法治国的道路上稳步推进。

第三章　危险驾驶罪与危害公共安全罪的界分
——孙某铭以危险方法危害公共安全案①

一、案情简介

2008年5月，被告人孙某铭购买了一辆别克轿车，之后在未取得合法驾驶资格的情况下，长期无驾驶证驾驶该车，并有多次交通违法记录。2008年12月14日中午，被告人孙某铭与其父母在位于成都市市区东侧的某酒楼为亲属祝寿，其间大量饮酒。其后，被告人孙某铭又驾驶别克轿车送父母到位于成都市市区北侧的火车北站搭乘火车，而后驾车折返至位于成都市市区东侧的成龙路，沿成龙路往成都市龙泉驿区方向行驶。当日17时许，被告人孙某铭驾车行至成都市成龙路“蓝谷地”路口时，从后面冲撞与其同向行驶的比亚迪轿车尾部。发生事故后，被告人孙某铭继续驾车往成都市龙泉驿区方向行驶。当行至限速60 km/h的成龙路“卓锦城”路段时，越过中心黄色双实线，先后撞向对面相向方向正常行驶的长安奔奔轿车、长安奥拓轿车、福特蒙迪欧轿车、奇瑞QQ轿车，直至被告人孙某铭所驾的别克轿车不能动弹。造成长安奔奔轿车内驾驶员张某全及同车乘客张某全之妻尹某辉、金某民和张某秀夫妻死亡，另一乘客代某秀重伤，并造成公私财产各项经济损失共计5万余元。公安人员接群众报案后赶至现场将被告人孙某铭抓获。经鉴定，事发前，别克轿车在碰撞前瞬间的行驶速度为134～138 km/h；被告人孙某铭血液中的乙醇浓度为135. 8mg/100ml。

2009年7月23日，四川省成都市中级人民法院对孙某铭无证且醉酒驾车一案进行了公开宣判，认为孙某铭作为一个具有完全刑事责任能力的成年人，在明知驾车必须经相关培训并取得资格证的情况下，无视国家交通安全法规，置不特定多数人的生命安全于不顾，长期无证驾驶，在严重醉酒的情况下，驾车行驶至人流密集处，并最终造成4死1重伤的严重后果，其行为已构成以危险方法危害公共安全罪，且情节恶劣，后果特别严重，依法判处死刑，剥夺政治权利终身。其后孙某铭以原判定性不准适用法律错误为由向四川高院提起上诉，2009年9月8日，四川省高级人民法院维持了一审法院的定罪判决，然而考虑到孙某铭系间接故意，其本身也并不是希望危害结果的发生，主观恶性较小，并对家属进行了赔偿，综合其一贯表现和良好的认罪态度及改过自新的决心，孙某铭的行为并

① 《刑事审判参考》第586号指导案例。

不是罪大恶极，不宜处以极刑，于是作出了改判其为无期徒刑，剥夺政治权利终身的判决。

二、案例分析

(一)行为人行为的构罪分析

本案当事人作为一名完全刑事责任能力人，在明知自己没有驾驶资格的情况下驾车违反多项交通法规，而且醉酒后驾车行驶在人群、车辆密集的街道，给公共安全带来了极大威胁，在与其他车辆发生碰撞后依旧超速行驶，跨越双黄线与四辆正常行驶的小轿车发生严重碰撞，造成四人死亡，一人重伤，公私财产损失数万元。孙某铭的行为置公共安全于不顾，漠视他人的生命财产安全，威胁到了不特定多数人的安全，具有严重的社会危害性和人身危险性，有刑法上的违法性、可责性，所以本案行为人构成犯罪。

(二)行为人的行为不构成危险驾驶罪

在本案发生时，《刑法》还未将危险驾驶罪纳入规制范围，所以在本案判决书中未分析危险驾驶罪。本案之所以具有典型性，也是因为其在一定程度上推动了危险驾驶罪的出台。现在，既然危险驾驶罪作为一个单独的罪存在，那么分析孙某铭是否构成危险驾驶罪也有必要。

根据《刑法》第一百三十三条之一规定，在道路上醉酒驾驶机动车的，处拘役，并处罚金，如果有醉酒驾驶行为同时构成其他罪的，按照处罚较重的定罪处罚。根据《刑法》第一百三十三条的规定，违反交通运输管理法规，因而发生重大事故，致人重伤、死亡或者使公私财产遭受重大损失的，构成交通肇事罪。2000 年 11 月 1 日，最高人民法院发布的《关于审理交通肇事刑事案件具体应用法律若干问题的解释》(以下简称《交通肇事解释》)规定："交通肇事致一人以上重伤，负事故全部或者主要责任，并具有下列情形之一的，以交通肇事罪定罪处罚：(一)酒后、吸食毒品后驾驶机动车辆的；(二)无驾驶资格驾驶机动车辆的；(三)明知是安全装置不全或者安全机件失灵的机动车辆而驾驶的；(四)明知是无牌证或者已报废的机动车辆而驾驶的；(五)严重超载驾驶的；(六)为逃避法律追究逃离事故现场的。"危险驾驶罪与交通肇事罪、以危险方法危害公共安全罪属于法条竞合，行为人具体被认定何种罪名，需结合个案实际情况进行判断。根据本案案情，孙某铭在人流和车辆密集的公路上违章无证、醉酒、超速行驶，在追尾汽车后，逃离肇事现场，越过中心双实线，超速冲向相对车道的机动车的危险驾驶行为，致四人死亡，一人重伤，公私财产损失共计 5 万元，造成了严重的危害结果，孙某铭的犯罪行为已然超越了危险驾驶罪的规制范围，本案中有争议的是孙某铭成立交通肇事罪还是成立以危险方法危害公共安全罪。

(三)交通肇事罪和以危险方法危害公共安全罪的辨析

在本案中，控方主张孙某铭犯以危险方法危害公共安全罪，辩方主张孙某铭犯交通肇事罪。那在分析该案件中不可避免地需要对两罪进行辨析。

在辨析两罪之前，需要说明的是，两罪并不属于对立关系。只要行为违反了交通运输管理法规，造成了实害结果，行为人对该实害结果持过失心理，就成立交通肇事罪；如果行为人实施了违反交通运输管理法规的驾驶行为，产生了足以与放火、爆炸、决水、投放危险物质相当的具体的公共危险，且行为人对该公共危险持故意心理，成立以危险方法危害公共安全罪。

以危险方法危害公共安全罪作为危害公共安全犯罪的兜底性条款，在实践适用中越来越呈现口袋罪特征。以危险方法危害公共安全罪与危险驾驶罪、交通肇事罪的正确适用问题也一直是实务界的热点问题。行为人违反交通管理法规，因而发生重大事故，致人重伤、死亡或者使公私财产遭受重大损失的行为构成交通肇事罪；而以危险方法危害公共安全罪是指采用与放火、决水、爆炸、投放危险物质等具有同等危险程度和类似危险类别的其他危险方法，足以危害公共安全的行为。

本质上来讲，交通肇事罪和以危险方法危害公共安全罪都属于危害公共安全罪这一类别的犯罪，两种行为侵害的都是不特定多数人的人身和财产安全。因此，两者在侵犯的客体以及客观行为上具有诸多共同之处，在适用中容易混淆。

在本案中，一审法院以以危险方法危害公共安全罪判处孙某铭死刑，二审以以危险方法危害公共安全罪判处孙某铭无期徒刑，剥夺政治权利终身。有学者认为无证驾驶、酒后驾车以及超速行驶都是导致交通肇事罪的常见情节，除非在某些完全突破交通肇事罪构成要件的情况下，驾驶机动车导致不特定人员死伤的犯罪才可以纳入危害公共安全罪。①

为什么会出现这种分歧呢？这需要进一步梳理两罪的适用范围。

1. 客体

从客体来说，两罪虽都属于《刑法》第二章危害公共安全罪的内容，但是在细节上两者还是有所区别。交通肇事罪侵害的客体是交通运输安全。以危险方法危害公共安全罪侵害的客体是公共安全，即不特定多数人的安全以及涉及人身安全的重大公私财产安全。《刑法》第一百一十五条第一款中的“使公私财产遭受重大损失”有必要限制解释为：在使公私财产遭受重大损失的同时，还存在致人重伤、死亡的现实可能性。如果仅有使公私财产遭受重大损失的危险，而实际上不可能危及他人生命、身体安全的，则不能成立以危险方法危害公共安全罪。② 在本案中，行为人无证驾驶和醉酒驾驶的行为不仅侵害了交通运输安全，也对公共安全造成了威胁。

2. 客观方面

从客观方面来说，交通肇事罪的客观方面表现为实施了违反交通运输管理法规因而发生重大交通事故，致人重伤、死亡或者使公私财产遭受重大损失的行为。以危险方法危害公共安全罪表现为：实施了以放火、决水、爆炸、投放危险物质之外的“其他危险方法”

---

① 贺卫方：《司法如何获得国民的信赖——评孙伟铭案判决》，载《西部法学评论》2010 年第 3 期。

② 《刑法学》编写组：《刑法学》，高等教育出版社 2019 年版，第 36 页。

危害公共安全的行为。根据同类解释规则，“其他危险方法”不是泛指所有具有危害公共安全性质的方法，而是仅限于与放火、决水、爆炸、投放危险物质相当的方法。在司法实务当中，认定“其他危险方法”的情形包括但不限于：驾驶机动车辆在公共场所故意冲撞众人；在公共场所私设电网危及众人安全；破坏矿井通风设备危及井下矿工生命安全；拆卸公共道路中央的下水井盖；以制、输坏血、病毒血的方法致众人感染；向人群开枪；驾驶人员与他人打闹而任由机动车处于失控状态。在本案中，孙某铭违反交通运输规则，在公共道路冲撞车辆和人群，造成4死1重伤的危害结果，既符合交通肇事罪的客观方面，也符合以危险方法危害公共安全的客观方面。

3. 主体

从主体方面来说，交通肇事罪和以危险方法危害公共安全罪的主体皆为一般主体。在本案中，孙某铭作为精神状态正常的成年人，具有刑事责任能力，符合犯罪主体的要求。

4. 主观方面

从主观方面来说，交通肇事罪的主观方面是过失，即行为人应当预见自己的违章行为可能造成重大交通事故，因为疏忽大意而没有预见，或者已经预见而轻信能够避免。需要注意的是，此种过失心理不是针对违反交通运输法规，而是针对行为人对自己的违章行为可能造成的交通事故的心理态度而言的。以危险方法危害公共安全罪的主观方面表现为故意，即明知自己使用的方法足以危害不特定多数人的生命、健康或重大财产安全，而希望或者放任该结果的发生。综上可以看出，判断交通肇事罪和以危险方法危害公共安全罪的重点在于分析孙某铭的主观方面。在本案中，有两种不同的观点，第一种观点认为孙某铭属于过于自信的过失，持这种观点的人认为其犯罪时的主观心理状态是对自己驾驶机动车的能力过于自信而轻信可以避免，其对交通道路法规的违反是故意但对危害结果的发生却是过于自信；第二种观点认为孙某铭属间接故意，二审法院就持这样的观点，认为，孙某铭长期无证驾驶，且在事发当天醉酒驾驶，作为一个完全行为能力人，其完全能够预见本次行为会造成危害公共安全的后果，虽其无积极追求此种危害结果的发生，但其本人对此结果的发生持放任心态，且未采取阻止和免除结果发生的措施，综上，属间接故意。

在厘清孙某铭到底是过失还是间接故意之前，可以先利用类案对比的方式做一个引子。(见表1)

表1　**孙某铭以危险方法危害公共安全案与胡某交通肇事案①对比**

	发生时间	终审判决法院	行　为	危害结果	主观方面	裁判结果
孙某铭案	2008年	最高人民法院	无证驾驶、醉驾、超速驾驶、追尾后压双黄线逆向行驶	4死1伤、损失5万元	间接故意	以危险方法危害公共安全罪，判处无期徒刑并剥夺政治权利终身

① (2009)杭西刑初字第337号。

续表

	发生时间	终审判决法院	行　为	危害结果	主观方面	裁判结果
胡某案	2009年	最高人民法院	非法改装车辆、超速驾驶、事发后救济、报警	1人死亡	过失	交通肇事罪，判处有期徒刑三年

这两个案件有一定的相似性，但是判决结果却天差地别。分析他们的行为可以看出，两人都有违反交通运输管理法规的行为，明显的不同在于事后反应不一致。法院认为，胡某案之所以被认定为交通肇事罪，是因为胡某在肇事之后有下车救人的举动，这一举动足以说明胡某对该危害结果不具有放任态度，其主观方面属于过于自信的过失。反观孙某铭，法院认为其在无证、醉驾、超速的情况下追尾后还逆向行驶，冲撞正常行驶的车辆，从"熟练的技术、敏捷的动作、高超的技能、丰富的经验、有效的防范"等客观依据上都不能证明孙某铭存在过于自信的过失，而是对危害结果持放任态度，属于间接故意，应以以危险方法危害公共安全罪定罪处罚。

那么在理论和实务中到底如何认定间接故意和过于自信的过失呢？最高人民法院对于孙某铭一案的主观方面的认定是否准确无误？孙某铭案和胡某案的判决结果差距为什么如此之大？这都会在后面的论述中一一揭晓。

(1)间接故意与过于自信的过失的理论辨析如下：在故意和过失的认定上，张明楷教授打了一个生动的比喻："在对结果的态度上，直接故意投了赞成票，过失投了反对票，而间接故意投了弃权票。"①在孙某铭一案中，认定孙某铭罪行的关键就在于辨析其主观方面到底属于间接故意还是过于自信的过失。

间接故意是指行为人明知自己的行为会发生危害社会的结果，仍然放任危害结果的发生；过于自信的过失是指行为人已经预见自己的行为可能发生危害社会的结果，但轻信能够避免，以致发生这种结果的主观心理态度。

间接故意包含两个明显的心理特征。第一，在认识因素上，间接故意是行为人对危害结果发生的可能性或者必然性的"明知"。根据文义解释，"明知"的含义就是明确理解或了解、明明知道的意思。在学理解释和一些司法解释中，一般根据犯罪人主观"知道"的认识程度将其划分为必然性认识和可能性认识两种情况，其中必然性认识程度最深，可以理解为实际知道；可能性认识次之，可以理解为推定知道。前者一般是一种自认的明知，后者一般是基于犯罪事实和证据去推定的明知。有观点认为，间接故意的认识因素包括必然性认识和可能性认识两种情况。也有观点认为间接故意的认识因素只能是可能性认识。在司法实践中通常认为必然性认识和可能性认识都属于间接故意的认识因素。第二，在意志因素上，《刑法》的表述是"放任危害结果的发生"。理解意志因素最关键的就是理解"放任"一词。根据文义解释，"放任"的意思为不加约束，任其自由发展。在个案中需要结合客观依据分析，通常表现为不采取积极的阻止措施。

---

① 张明楷：《刑法学》，法律出版社2021年版，第386页。

过于自信的过失也包含了两个心理特征。第一，认识因素，指的是已经预见到危害结果发生的可能性。过于自信的过失成立的首要条件就是行为人对危害结果发生的可能性已经有所认识，如果行为人对危害结果没有认识或者不可能认识，那可能属于疏忽大意的过失或者是意外事件。但是应当指出的是，这里的认识内容应当包括对危害结果可能不发生的预见，即这种预见并不是明确的预见，或者说这种认识本身是模糊的、不充分的，充满了不确定性。至于这种可能性是否能转化为现实性，也处于一种不确定的模糊状态。如果行为人很清楚地知道这种行为必然会导致结果的发生而决意实施，就不属于过于自信的过失，而是犯罪故意。第二，在意志因素上，过于自信的过失指的是行为人轻信能够避免危害结果的发生，其是排斥、否定危害结果的。在过于自信的过失中，行为人之所以轻信危害结果能够避免，是因为行为人在认识行为性质的过程中，高估了可以使危害结果不发生的有利条件，低估了促使危害结果发生的不利条件。

过于自信的过失与间接故意之间有相似之处，而且处于位阶关系，但是二者的成立条件明显不同。从本质上说，间接故意所反映的是对法益的积极蔑视态度，过于自信的过失所反映的是对法益的消极不保护态度。这种本质上的差别，又是通过各自的要素体现出来的。首先，成立间接故意要求行为人放任结果的发生，结果的发生符合行为人的意志；但成立过于自信的过失不要求行为人放任结果发生。其次，间接故意的行为人是为了实现其他意图而实施行为，主观上根本不考虑是否可以避免结果的发生；过于自信过失的行为人之所以实施其行为，是因为考虑到可以避免结果的发生。最后，间接故意的行为人在行为时“明知”结果发生的可能性；过于自信过失的行为人是暂时“预见”结果发生的可能性，在行为时又否认了结果发生的可能性。①

张明楷教授在其《刑法学》一书中列出了五种在分辨间接故意和过失时应注意的事项，为司法审判提供了参考。一是行为人认识到了行为具有高度的紧迫危险，仍然实施该行为，进而造成危害结果的，原则上应被认定为间接故意，比如说 A(未经过枪击培训)与 B 有仇，在 B 与其他人站在一起时，A 拿枪打 B，却不小心击中了 C，导致 C 死亡，那么 A 对于 C 的死亡持间接故意态度。二是如果行为人采取了有效的结果回避措施，原则上就可以认定行为人没有放任结果发生；反之，如果行为人在认识到了行为危险的情况下不采取任何结果回避手段，通常被认定为间接故意。三是应当根据相关事实，判断行为人主观上有无放任结果发生的可能性以及可能性的大小。四是在致人死亡的案件中，应当查明造成被害人死亡的是哪一具体行为，再判断行为人是否认识到该行为可能造成的结果，以及对死亡结果是抱有何种心理，而不能对全部行为进行整体评价。五是基于事实存疑时有利于被害人原则，如果没有证据证明行为人确实有间接故意心理的，只能认定其为过失犯罪。②

综上，在司法实践中在判断交通肇事罪和以危险方法危害公共安全罪时，行为人的主观心理往往无法捉摸，准确把握犯罪者的主观心理是非常困难的。法院裁判时通常是基于个案的客观证据来判断的，比如说犯罪嫌疑人的口供、目击证人的证言、事件发生时车辆

① 张明楷：《刑法学》，法律出版社 2021 年版，第 386 页。
② 张明楷：《刑法学》，法律出版社 2021 年版，第 331~387 页。

驾驶速度、事件发生的位置、事件发生时的人流量和车流量等等。如果从客观证据中清楚地了解行为人从内心不排除这种危险，肇事者“明知”危害后果还自由放任的，认定为以危险方法危害公共安全罪，反之则认定为交通肇事罪。

(2)在本案中如何认定孙某铭的主观方面？关于认定孙某铭的罪名，争论的焦点一直在其主观心态的认定上，即他对最终的危害结果是持放任的心理态度，还是持已经预见到了这样的后果，但轻信可以避免的心理态度。在法院判决中，合议庭认为孙某铭作为受过一定教育、具有完全刑事责任能力的人，在明知国家规定的情况下，仍漠视社会公众和重大财产的安全，藐视法律、法规，长期、持续违法驾车行驶于车辆、人群密集的公共道路，威胁公众安全。尤其是在本次醉酒驾车发生追尾交通事故后，孙某铭不计后果，超速驾车在车辆、人流密集的道路上穿行逃逸，最终跨越道路黄色双实线，冲撞多辆车辆，造成四死一伤、公私财产损失数万元的严重后果。孙某铭无证、醉酒、超速驾驶发生交通事故，对危害结果既没有避免能力，也没有采取相关避免措施，造成严重危害结果是必然的，其主观上对该危害结果持放任态度，属于间接故意犯罪。

辩护人则认为，本案应该分清两个主观心态：一是孙某铭违反交通法规的主观心态，毫无疑问，这时孙某铭对无证驾驶、醉酒驾驶、超速驾驶等违反《中华人民共和国道路交通安全法》的行为是故意的心态；二是孙某铭对于“危害不特定多数人的生命、财产安全”这一结果持轻信自己能够避免过失的心态。由于孙某铭对自己的驾驶技术和对自己酒后控制能力的自信，孙某铭相信自己能够避免发生危害结果，否则他不会置自己及父母的生命安全于不顾而放任这种“明知”会发生的结果。辩护人同时指出，无证驾驶、超速驾驶、醉酒驾驶等违法行为的叠加也不必然导致危害不特定多数人的结果，只有在发生了特定危害结果的时候才会被依法追究刑事责任，受到刑事处罚。因此孙某铭并不具有以危险方法危害公共安全的主观动机，在醉酒驾驶时，不能有效控制自己的行为导致危害结果的发生，其当时的主观心态属于过失，而不是故意。

需要注意的是，无论是在一审判决书还是二审判决书的论述中，法院在论证孙某铭的主观心态的时候都着重分析了孙某铭违反交通法规存在故意，但是忽视了认定行为人以危险方法危害公共安全罪的主观方面。有意思的是，在判决结果公示的时候，有学者和实务工作者对该判决书产生了质疑，2009 年 9 月 11 日，也就是孙某铭以危险方法危害公共安全一案二审判决结束一个星期之后，最高人民法院发布的《关于印发醉酒驾车犯罪法律适用问题指导意见及相关典型案例的通知》(以下简称《醉酒驾车法律适用指导意见》)中指出，行为人明知酒后驾车违法、醉酒驾车会危害公共安全，却无视法律醉酒驾车，特别是在肇事后继续驾车冲撞，造成重大伤亡的，应依法以以危险方法危害公共安全罪定罪。综合来看《交通肇事解释》和《醉酒驾车法律适用指导意见》，《交通肇事解释》以司法解释的方式规定了酒后驾驶引发重大事故的，以交通肇事罪定罪处罚；《醉酒驾车法律适用指导意见》提出了认定醉酒驾车肇事在何种情形下构成以危险方法危害公共安全罪的标准。即醉酒肇事后继续冲撞造成重大伤亡的，可以认定为以危险方法危害公共安全罪。驾车肇事，仅发生一次性冲撞的，一般不构成以危险方法危害公共安全罪①，因为“二次冲撞在

① 谭卫华、陈峰：《醉驾中交通肇事罪与以危险方法危害公共安全罪的界分》，载《人民司法》2016 年第 23 期。

本质上已经属于一种新的、独立的犯罪行为，虽然原发于交通肇事行为，但是，只是形式上具有关联性，在本质上已经不能为交通肇事罪所涵盖”①。《醉酒驾车法律适用指导意见》在一定程度上规范了在道路交通领域的以危险方法危害公共安全罪的适用。该《醉酒驾车法律适用指导意见》同样以指导意见的方式弥补了孙某铭一案在主观方面论证上的缺失。

如果抛开《醉酒驾车法律适用指导意见》的指导，孙某铭对本案的危害结果到底持什么态度呢？

上文说道，认识行为人的主观心态是一件非常困难的事情，更何况本案当事人属于醉酒状态，必须以客观存在的依据推断行为人的主观心态。学界一般认为，要正确认定醉酒行为人的主观心态必须全面分析醉酒人在醉酒前对醉酒的态度、对危害行为及其后果的心理态度、醉酒的具体成因、醉酒的程度、醉酒中实施危害行为时的言论、对危害行为及危害行为结果发生后的反应、酒醒后及案发后的反应等等。在本案中，孙某铭参加亲戚寿宴时大量饮酒，案发时其血液中的酒精含量为135.8mg/100ml，属于醉酒驾驶。从认识因素角度分析，孙某铭心智健全且受过一定教育，其也知道醉酒后无证、醉酒、超速驾驶属于法律法规所禁止的行为，具有违法性且可能会因此造成交通事故，甚至会危害公共安全，但这种认识属于可能性认识并不属于必然性认识，如果属于必然性认识，那孙某铭就是不重视自己和父母的生命安全，是直接故意。从孙某铭案后的反应来看，其没有自伤、自杀也没有反社会的倾向，所以不是必然性认识。从意志因素角度分析，孙某铭从饮酒到事故发生之前还驾车将父母安全地送到了火车站，也说明了孙某铭对自己醉酒后的驾驶能力、判断能力有一定的自信。在案件发生之后，有证人证明孙某铭下车后并未逃走，且在现场呼叫有没有医生，归案后，也积极赔偿受害人家属，由此也可以推断孙某铭在主观上对危害结果的发生是持反对和拒绝的态度。故孙某铭的主观心态应该是过于自信的过失，而不是间接故意。

(四)行为人是否构成过失以危险方法危害公共安全罪

过失以危险方法危害公共安全罪，在犯罪构成上除了主观方面之外与以危险方法危害公共安全罪完全一致，其与交通肇事罪也存在法条竞合关系。在处理法条竞合犯时应遵循的原则是：特殊条款优于一般条款，重罪优于轻罪。交通肇事罪之于过失以危险方法危害公共安全罪，是特殊条款之于一般条款。从法定刑来说，过失以危险方法危害公共安全罪的法定刑是三年以上七年以下有期徒刑，情节较轻的，处三年以下有期徒刑。交通肇事罪的法定刑为：致人重伤、死亡或者使公私财产遭受重大损失的，处三年以下有期徒刑或拘役；交通肇事后逃逸或者有其他特别恶劣情节的，处三年以上七年以下有期徒刑；因逃逸致人死亡的，处七年以上有期徒刑。结合本案孙某铭的犯罪行为造成的危害结果，可以看到交通肇事罪的量刑要重于过失以危险方法危害公共安全罪，所以应该以交通肇事罪对孙某铭定罪处罚。

---

① 于志刚：《危险驾驶行为的罪刑评价——以“醉酒驾驶”交通肇事行为为视角》，载《法学》2009年第9期。

该案件的发生距今已有十几年了，之所以还将如此“老”的案件拿出来重新分析，有多重原因。其一，该案作为第一例以以危险方法危害公共安全犯罪定罪处罚的道路交通类案件，掀起了学界和实务界对于“危险方法”的又一次争议，也引起了学者区分“间接故意”和“过于自信的过失”界限的讨论。其二，该案件之所以获得了广泛的关注，也是因为有舆论的推波助澜，社会舆论迫使法院尽快结案，给民众一个“交代”，法院在没有足够时间对孙某铭的行为进行充分论证的情况下，被舆论裹挟前进，判决了一个如今在学理上仍有争论的案件。如今，网络和自媒体高度发达，“网友判案”的情况时有发生，如何平衡好正确适用法律和舆论的压力，是每一个法官面对的难题。其三，该案直接促使了危险驾驶罪的增设，酒后驾驶和追逐竞驶行为正式入刑。不可否认，危险驾驶罪的实施极大程度上减少了酒后驾驶行为的发生，但也需要看到，危险驾驶罪已超过盗窃罪成为如今中国裁判最多的案件，有不少学者主张废除危险驾驶罪，甚至有人大代表提出议案要求废止危险驾驶罪。通过孙某铭案，可以将各位拉回到当初制定危险驾驶罪的时代背景，从立法目的、适用成效等多方面分析危险驾驶罪的存废或者完善问题。学理是指导实践的基石，实践反过来也会促进学理的进步。以案释法、以案明法、以案焕法，这才是我们研究经典案例的价值。

第四章　非法持有枪支罪的认定标准
——赵某华非法持有枪支案[1]

一、案情简介

2016年8月至10月12日，赵某华在天津市河北区摆设射击摊位谋生。摊位连同摊位上的枪支道具都是2016年8月从前任摊主处转手过来的。10月12日晚，河北区鸿顺里派出所民警在巡查过程中将赵某华抓获，当场查获枪状物9支及相关枪支配件、塑料弹。经天津市公安局物证鉴定中心鉴定，涉案9支枪状物中的6支为能正常发射以压缩气体为动力的枪支。

2016年12月27日，因非法持有枪支罪，赵某华被判处有期徒刑三年六个月。法院认为，“赵某华违反国家对枪支的管理制度，非法持有枪支，情节严重，其行为已构成非法持有枪支罪；辩护人所提赵某华具有坦白情节、系初犯、认罪态度较好的辩护意见，予以酌情采纳。据此，以非法持有枪支罪判处其有期徒刑三年六个月”。作出一审判决的天津市河北区人民法院的一名副院长接受中央电视台采访时坦言，“判决结果出来后，产生的社会效果确实超出了预料”，并称从法律的审判依据来看是没有问题的，但是否符合情理，在作出判决时“可能想得没那么多”。赵某华在一审中曾表示认罪不上诉，因为自己“不懂法律、不敢花钱”，希望女儿过好自己的日子，不要想那么多，她认命，但会努力谋求减刑。随后，媒体纷纷介入报道，引发舆论热烈关注。相关报道在强调赵某华“不知是犯罪”的同时，援引多位律师、学者的观点，对法院一审判决提出质疑。

2017年1月26日，天津市第一中级人民法院二审开庭审理此案。赵某华的辩护人提出以下辩护意见。第一，涉案枪形物的提取、包装和送检过程违反公安部《法庭科学枪支物证的提取、包装和送检规则》的规定，侦查人员未对查获的枪形物进行现场编号；随手抓取枪形物，破坏了物证表面痕迹，使物证遭到污染；未按规定封装并填写标签；没有证据证明涉案枪形物的保管过程，无法确定其是否与其他枪支混同。因此，涉案枪形物不能确定是从赵某华处查获的，依法不能作为定案证据。第二，公安部制定的《枪支致伤力的法庭科学鉴定判据》所依据的试验及理由不科学、不合理，该“判据”确定的枪支认定标准不合法，且属内部文件，不能作为裁判的法律依据。鉴于目前没有法律、法规、规章对枪

---

① （2017）津01刑终41号。

支作出定义或解释，只能根据《中华人民共和国枪支管理法》(以下简称《枪支管理法》)的规定，以"足以致人伤亡或者丧失知觉"作为认定标准。第三，在案"枪支鉴定书"因检材的提取、包装和送检过程违法，不能确定与赵某华的关联；鉴定所依据的"枪支性能的检验方法"未经公开，属尚未公布的规定；出具鉴定书的鉴定机构只有枪弹痕迹鉴定资质，并无枪支鉴定资质。鉴定书不能作为定案证据。第四，赵某华始终认为自己持有的是玩具枪而非真枪，其对行为对象存在认识错误，不具备非法持有枪支犯罪的主观故意。第五，赵某华的行为不具有任何社会危害性。综上，被告人赵某华的行为不构成犯罪。

天津市人民检察院第一分院认为，原审诉讼程序合法；原审判决认定上诉人赵某华非法持有枪支的事实清楚，证据确实、充分；赵某华的行为触犯了《中华人民共和国刑法》第一百二十八条第一款的规定，构成了非法持有枪支罪，原审判决定罪准确；赵某华非法持有枪支6支，属情节严重，依法应处三年以上七年以下有期徒刑，原审判决量刑在法定幅度内，但鉴于赵某华非法持有枪支是为了经营游戏项目，主观恶性较小，其行为未造成实际危害结果，到案后能如实供述犯罪事实，认罪态度较好，且系初犯，建议二审法院对其从轻处罚，改判有期徒刑三年并适用缓刑。

天津市第一中级人民法院认为，赵某华违反国家枪支管理规定，非法持有枪支，其行为已构成非法持有枪支罪，且情节严重，应依法予以处罚。原审判决认定赵某华犯非法持有枪支罪的事实清楚，证据确实、充分，定罪准确，审判程序合法。关于上诉人赵某华所提量刑过重的上诉理由，该院认为，上诉人赵某华非法持有以压缩气体为动力的非军用枪支6支，依照法律规定已构成非法持有枪支罪且属情节严重，应判处三年以上七年以下有期徒刑。综合考虑赵某华非法持有的枪支均刚刚达到枪支认定标准，犯罪行为的社会危害相对较小，其非法持有枪支的目的是从事经营，主观恶性、人身危险性相对较低，二审期间能如实供述犯罪事实，认罪态度较好，有悔罪表现等情节，可酌情予以从宽处罚并适用缓刑。对赵某华的部分上诉理由和天津市人民检察院第一分院的意见，该院予以采纳。一审判决事实清楚、定罪准确，但考虑到其主观恶性程度较低，社会危害较小，以及有认罪悔罪情节，故改判有期徒刑三年，缓刑三年，当庭解除羁押措施。赵某华表示服从判决。

二、案例分析

(一)非法持有枪支罪之"持有"

本案引出的第一个问题，是如何理解非法持有枪支罪中的"持有"，基于此才能判断赵某华是否构成"持有"。

"持有"是非法持有枪支罪的第一个必备构成要件。"持有"通常被理解为控制和支配某种特定物品的状态，照这样看，行为人赵某华符合"持有"要件是毋庸置疑的。但是在普通公众想象中枪支持有者的形象往往类似于恐怖分子，具有高度危险性，这与赵某华——一个五旬女性的形象相去甚远，使公众难以接受赵某华持有枪支这个结论。因此，需要详细界定刑法中的"持有"的概念。

持有型犯罪是我国《刑法》规定的一类犯罪，典型例子有《刑法》第一百七十二条持有假币罪、第三百四十八条非法持有毒品罪以及本案涉及的《刑法》第一百二十八条第一款规定的非法持有、私藏枪支、弹药罪。并不是“持有”行为本身被刑法所不容许，而是其对特定物的“持有”具有可能危害社会的危险。持有型犯罪的特殊性不仅在于其行为方式，更在于其对犯罪预防的特殊意义。储槐植教授在 1994 年的文章中表述，立法者设立持有型罪名的意义，一方面是减轻公诉机关的证明责任，另一方面是惩罚早期预备行为以防止更严重的犯罪发生。① 从此法理出发，才能在实践中正确理解和适用持有型犯罪的相关规定。在司法实践中，持有型犯罪的证明难度远低于其他类型的犯罪，由于行为人持有的特定物具有危险性，通常可以直接推定行为人具有对法益侵害的危险性以及犯意，而不需要充分论证持有行为的危险性。鉴于持有型犯罪可能干涉个体自由，对“持有”的概念不能扩张，而必须作限制性解释。从其核心含义来看，“持有”行为的成立当然是以行为人行使对特定物品的支配或控制为条件，但是，仅此并不足以成立刑法中的“持有”。要达到刑法中的“持有”，至少还需满足以下条件。

其一，“持有”行为的上游或下游行为必须具备社会危害性。犯罪的最本质特征是具有社会危害性。对于持有型犯罪而言，并不是“持有”行为本身一定具有社会危害性，被刑法所不容许，而是其对特定物的“持有”往往会与上下游犯罪相关。非法持有某些特定物品的状态通常是先行犯罪的结果（如巨额财产来源不明罪的“持有”可能是贪污受贿等犯罪的结果状态）、上下游犯罪的过渡状态（如非法持有毒品罪的“持有”可能是贩卖毒品罪之购买与出售之间的过渡状态）或目的犯罪的预备行为（如非法持有枪支、弹药罪的“持有”可能是意图实施的暴力犯罪的预备行为），只是由于各种原因无法收集足够完成证明要求的有效证据，无法认定其行为构成更为严重、危害更大的先行犯罪或者接续犯罪，但如果不认定为犯罪行为并追究刑事责任，则可能造成对重大法益的威胁，因此退而求其次地以持有型犯罪来进行刑事制裁。因此，在认定是否构成刑法上的“持有”时，必须考虑其持有行为的上下游行为是否具有社会危害性、是否构成犯罪，如果答案是否定的，则不应该认定为构成刑法上的“持有”。就如在我国司法实践中，由于单纯购买毒品与吸食毒品的行为都不构成犯罪，对于吸毒者购买并持有供自己吸食的毒品的行为，只要数量合理或吸毒者能提供充分的证据证明为其自己吸食而持有，则不会以非法持有毒品罪论处。因为查明了行为人持有毒品是为了自己吸食，也就阻却了行为人可能贩卖毒品而侵害社会公众健康的危险性，不具有社会危害性，也就称不上犯罪。除非行为人持有明显超过个人吸食量的数量特别巨大的毒品，无法排除其贩卖毒品的可能性，才可能构成非法持有毒品罪。同理，在认定非法持有枪支罪的时候，也应该考虑其“持有”的上下游行为，如果上下游行为都不具有社会危害性，那么持有行为的社会危害性也就无从谈起，该行为也根本不可能构成犯罪。就本案而言，赵某华持有枪支的上游行为是她从他人手里接手了射击气球的摊位连同摊位上的所有枪支道具，下游行为是她继续摆设射击气球摊，摊位交易以及继续摆摊，这只是众多以摆设射击摊位谋生的群体的一个再正常不过的行为，并不存在危害社会的可能性。既然赵某华上下游行为都不会构成犯罪，那么对她持有枪支的行为就不应该单独认定为犯罪，不应该认定为刑法上的“持有”。

---

① 储槐植：《三论第三犯罪行为形式“持有”》，载《中外法学》1994 年第 5 期。

其二，“持有”行为的行为人必须存在故意，且出于违法犯罪的目的，退一万步说，行为人至少要认识到其“持有”行为的社会危害性。我国刑法上的故意是一个实质的故意概念，即不仅包含构成要件故意和罪责故意，还包含对于行为社会危害性的认识。因此，在持有型犯罪中，犯罪故意的成立要求行为人对持有行为的社会危害性存在认知。例如持有毒品的行为，如果行为人能够有足够多的证据证明其持有毒品的目的仅仅是自己吸食，虽然他也存在故意，也认识到了自己持有的是毒品，但由于并不是出于违法犯罪的目的，所以不以非法持有毒品罪论处。在认定行为人是否构成非法持有枪支罪的时候，也应该考虑其持有行为的目的。只有当枪支用于违法犯罪目的时，持有枪支才具有潜在的危险，才可能被认定为犯罪。虽然在我国对枪支严格管制的情况下，只要不是合法配备枪支的行为，都被认定为非法持有枪支，但违反枪支管理法规的非法持有枪支行为与出于违法犯罪目的而非法持有枪支的行为有着明显区别，前者违反的是行政法，后者违反的是刑法，二者的行为性质与对社会可能造成的危害程度都相去甚远，将二者都作为犯罪论处，明显具有不合理性。就本案而言，赵某华以摆设射击气球摊作为谋生手段，接手摊位两个多月来什么也没有发生，她的“持有”行为并非出于违法犯罪目的，而仅仅是为了维持生计，如果对于这样的行为还认为是触犯刑法、具有社会危害性，未免太过苛刻。或许会有人反驳说，一把即使只是被当作收藏品的步枪也具有杀伤力，不能认为行为人具有收藏目的就会排除其违法犯罪目的的产生。但是，无论行为人的持有行为出于什么目的，至少要行为人认识到其持有行为是具有危害社会的危险的，才能认定行为人具有触犯刑法的持有枪支的故意。而赵某华根本没有认识到自己摆设气球射击摊位的行为是触犯刑法的，她没有认识到自己的持有行为存在社会危害性，不应该认为她构成刑法上的“持有”。

因此，行为人赵某华对枪形物的控制不构成非法持有枪支罪中的“持有”。

（二）非法持有枪支罪之“枪支”认定

本案的第二个问题是行为人所持有的枪形物是否属于枪支，枪支的认定标准也是舆论最为关注的问题。

《刑法》对何为枪支并未作界定，但对枪支这个似乎众所周知的用语，还是需要进行解释。按照法律解释的方法，对于《刑法》中的用语，如果其他法律有规定的，就应当按照其他法律的规定进行理解，除非《刑法》规定与其他法律规定之间存在不同，对此应当有法律的明文规定。《枪支管理法》第四十六条对枪支作了定义式的规定：“本法所称枪支，是指以火药或者压缩气体等为动力，利用管状器具发射金属弹丸或者其他物质，足以致人伤亡或者丧失知觉的各种枪支。”同时，《枪支管理法》第四十七条还规定：“单位和个人为开展游艺活动，可以配置口径不超过4.5毫米的气步枪。具体管理办法由国务院公安部门制定。”我国没有现行的由公安部门制定的游艺活动中使用的气步枪的管理办法，也就是说，除了4.5毫米口径的限制以外，法律未对游艺活动中使用的气步枪作任何规定。因此，在我国司法实践中，对于游艺活动中使用的气步枪按照《枪支管理法》的规定进行认定。根据《枪支管理法》第四十六条关于枪支的定义，枪支具有以下四个特征：第一，动力特征，以火药或者压缩气体等为动力；第二，发射工具特征，利用管状器具作为发射工具；第三，发射物特征，发射物质是金属弹丸或者其他物质；第四，性能特征，足以致人伤亡或者丧失知觉。其中，性能特征是枪支被纳入严格管制物品范围的关键特征，是从发射物对所指向之人的作用效果(即杀伤力)角度对枪支的特征作出的界定。不难发现，前三个特征只能将枪形物与其他物品区分开来，却无法将枪支与玩具枪、仿真枪相区别。因而，在枪支的认定中，至关重要的是其性能特征即杀伤力的评估与判定问题。

公安部2008年实施的《枪支致伤力的法庭科学鉴定判据》(以下简称《判据》)规定，“未造成人员伤亡的非制式枪支致伤力判据为枪口比动能$e_0 \geq 1.8 J/cm^2$”。2010年《公安机关涉案枪支弹药性能鉴定工作规定》(以下简称《规定》)进一步规定，“对不能发射制式弹药的非制式枪支，按照《枪支致伤力的法庭科学鉴定判据》(GA/T 718—2007)的规定，当所发射弹丸的枪口比动能大于等于1.8焦耳每平方厘米时，一律认定为枪支”。一审法院就是参照上述标准认定赵某华所持“枪形物”为枪支。二审辩护人对上述认定提出疑问，认为公安部制定的是内部文件，“不能作为裁判的法律依据，目前没有法律法规规章对枪支作出定义或解释，只能根据《枪支管理法》的规定，以‘足以致人伤亡或者丧失知觉’作为认定标准”。而二审法院对辩护意见的回应是，“《枪支管理法》的规定未包含可供执行的、具体的量化标准，需要由有权机关作出进一步规定。《枪支管理法》第四条明确规定‘国务院公安部门主管全国的枪支管理工作’，据此，公安部作为枪支管理主管部门有权制定相关规定，本案鉴定所依据的《公安机关涉案枪支弹药性能鉴定工作规定》《枪支致伤力的法庭科学鉴定判据》均合法有效，应当适用”。因此，二审法院仍然认定赵某华所持有的枪形物属于枪支，仍然对赵某华以非法持有枪支罪论处。

这一结论让社会公众感到十分荒谬。然而，是否真的是荒谬的呢？从法律位阶来看，《规定》和《判据》均为公安部内部文件，位阶较低，对法院没有必须适用的强制约束力，法院并非必须适用此类规定，这也是二审时辩方的意见。但是，法院在个案中参照适用上述规定的做法，也并无不当。一方面，有参照适用的合法性。在《枪支管理法》仅作出原则性规定而把具体管理工作授权给公安部门时，公安部作为枪支管理主管部门，有权制定非制式枪支的具体标准。而法院在个案中对枪支鉴定时参照该具体标准，实际上就是依据《枪支管理法》进行枪支鉴定的一种方式。另一方面，有参照适用的必要性。如果各地法院不采用公安部的枪支标准，那么在涉枪案件中就需要个别化地鉴定每一支枪是否“足以致人伤亡或者丧失知觉”，这既难以在技术上准确实现，同时也可能严重影响枪支管理的法制统一性。因此，在本案中，当认定赵某华所持有的枪形物是否属于枪支时，法院参照适用公安部制定的标准，在法律适用的形式层面至少并无错误。按此标准，赵某华所持有的枪形物属于枪支。这一结论完全遵照我国现行法律，依据和逻辑都无可指摘，那为什么会引起舆论和学界的轩然大波？究其原因，是该结论的实质合理性受到了质疑。

在公安部发布《判据》之前，我国关于枪支的鉴定，采取的是“射击干燥松木板法”，根据该方法，认定具有致伤力而鉴定为枪支的枪口比动能临界值为16焦耳每平方厘米。然而，2007年的《判据》和2010年的《规定》放弃“射击干燥松木板法”而改采“测定枪口比动能法”，并将枪口比动能的临界值下调至1.8焦耳每平方厘米，下调为原标准的约1/10。据此新标准，凡是枪口比动能大于等于1.8焦耳每平方厘米的，一律认定为枪支；同时，根据2008年公安部的《仿真枪认定标准》，枪口比动能小于1.8焦耳每平方厘米(不含本数)、大于0.16焦耳每平方厘米(不含本数)，则认定为行政法上管制的仿真枪。从

《判据》的主要起草人的实验设计来看，新的枪支认定标准将枪口比动能的临界值调整为1.8焦耳每平方厘米，是以眼睛作为试验部位进行近距离射击(射距10~20 cm)可以造成伤残而得出的。由于眼睛是人体极为脆弱的部位之一，以之作为试验部位认定枪支的致伤力程度，其合理性此后一直面临争议。

大幅降低枪支的认定标准，不仅导致实务中涉枪案件的数量激增，而且大大扩张了《刑法》中涉枪犯罪的处罚范围。可以说，枪支认定标准的大幅降低，直接导致在涉枪领域存在过度犯罪化的问题。这种过度犯罪化至少带来三方面的消极影响：一是不可避免地带来惩罚上的不正义，并引发严重的选择性执法现象，从而对法治产生侵蚀性的影响；二是对本不该入罪的行为人进行定罪量刑，可能人为制造潜在的不稳定因素，为社会治安埋下重大的安全隐患；三是不利于公众形成基本的规范认同，甚至可能动摇公众对于法秩序的信赖，从而使刑法规范无法发挥积极的一般预防效果。在很大程度上，赵某华案正是这种过度犯罪化的产物。因而，如果要合理解决赵某华案及类似的个案，便需要直面涉枪领域的过度犯罪化问题。毫无疑问，对于过度犯罪化问题，从实体法的角度而言，改善的途径除了立法修正之外，还有借助法律解释的方法，通过对非法持有枪支罪的构成要件进行必要的限定，以实现处罚范围的合理化。由于枪支的概念是非法持有枪支罪中的核心要素，因而，如何界定枪支的概念，将直接影响该罪的处罚范围。

有学者认为，在现行制度语境下，对《刑法》中涉枪罪名中的枪支，宜作不同于行政法上的枪支的理解，即区分《刑法》上的枪支与行政法上的枪支鉴定标准。这样的二元化理解既能顾及维护社会治安的需要，又能有效解决赵某华案与类似个案中出现的去罪化冲突。具体而言，就是将公安部所规定的枪口比动能1.8焦耳每平方厘米的标准，仅视为行政法上枪支的认定标准；《刑法》中的枪支，则采用“足以致人伤亡或者丧失知觉”的标准，至于特定的枪形物是否达到这一标准，则由司法机关委托专门鉴定机构进行杀伤力的鉴定，以穿透人体的体表作为具备杀伤力的下限。[①] 国外有研究表明，穿透皮肤的投射物的比动能的临界值为10~15焦耳每平方厘米；国内的相关实验也得出相近的结论，即16焦耳每平方厘米的断面比动能是弹丸穿透皮肤的最小值，当弹丸断面比动能达到该数值时，可以致人轻伤。[②] 据此，可考虑以15焦耳每平方厘米左右的比动能数值作为《刑法》中枪支的认定标准，这种方案既能维持现有的严格枪支行政管制制度，又能避免刑事打击面的过度扩大。

(三)阻却故意的认识错误

在以“持有”“枪支”两个客观标准对赵某华的行为进行分析后，接下来应当对赵某华是否存在故意、是否存在认识性错误进行分析。

我国刑法通说认为，《刑法》第一百二十八条规定的非法持有枪支罪是故意犯罪，因此本罪的成立要求行为人必须具备犯罪故意。根据我国《刑法》第十四条的规定，犯罪故

① 劳东燕：《法条主义与刑法解释中的实质判断——以赵春华持枪案为例的分析》，载《华东政法大学学报》2017年第6期。

② 于遨洋等：《非制式枪支杀伤力标准的实验研究》，载《福建警察学报》2008年第2期。

意是指明知自己的行为会发生危害社会的结果，并且希望或者放任这种结果发生的犯罪心态。按照这一犯罪故意的定义，非法持有枪支的犯罪故意的成立首先要求行为人具备非法持有枪支的认识因素与意志因素，即行为人对构成非法持有枪支罪的所有客观构成要件要素存在"明知"，并且希望或者放任危害社会结果的发生。在赵某华非法持有枪支案中，要认定赵某华具备犯罪故意，就必须至少回答两个问题：第一，赵某华是否明知其所持有的枪形物是非法持有枪支罪中的"枪支"？第二，为了证明赵某华存在"非法"持有枪支的故意，必须证明其对于"违反枪支管理规定"存在明知，否则也可能产生错误的结论。

对于第一个问题，即赵某华是否明知其持有的枪形物是"枪支"，如果她并不具备这种认识，存在事实认识错误，是可以阻却故意的。从媒体舆论关注的情况来看，此问题也是本案的一个焦点问题。《刑法》第一百二十八条非法持有枪支罪中"枪支"这一规范性构成要件要素所要求行为人具备的完全的意义认识应当解释为持有枪支的危险性，但是这里的危险性并不是单纯的"具有一定致伤力和危险性"，而必须达到《枪支管理法》第四十六条规定的"足以致人伤亡或者丧失知觉的各种枪支"这样的危险性程度，这种危险性程度的认识符合社会一般大众对枪支的危险性的认知。单纯论证行为人是否认识到使用该枪支射击例如眼睛等要害部位会造成严重损害结果，并不足以证明枪支的危险性，因而无法说明枪支的完整意义。在赵某华案中，赵某华的上诉理由和二审律师辩护意见中都提出，"赵某华始终认为自己持有的是玩具枪而非真枪，其对行为对象存在认识错误，不具备非法持有枪支罪的主观故意"。但是，二审法院并没有采纳该上诉理由和辩护意见，而是认为"涉案枪支外形与制式枪支高度相似，以压缩气体为动力，能正常发射，具有一定致伤力和危险性，且不能通过正常途径购买获得，上诉人赵某华对此明知，其在此情况下擅自持有，即具备犯罪故意。至于枪形物致伤力的具体程度，不影响主观故意的成立"。这里的问题在于：二审判决认为行为人具备枪支的完全的意义认识，其认定理由明显不够充分。根据本案的事实，赵某华虽然对所持枪形物的外观性特征、物理性特征存在明知，但这些特征并不是枪支区别于仿真枪、玩具枪的根本特征。仿真枪、玩具枪都具有与枪支相似的外形，都以压缩气体为动力进行发射，即使使用玩具枪发射玩具塑料子弹也能对人体的眼睛等脆弱部位造成伤害，从这个维度看，仿真枪和玩具枪也具有一定的致伤力和危险性。仿真枪、玩具枪和真正的枪支之间的根本区别在于枪支具有仿真枪、玩具枪无法比拟的杀伤力，对人体其他部位都能造成伤害。如果仅从行为人认识到了枪形物外形与制式枪支高度相似，以压缩气体为动力，能正常发射，具有一定致伤力和危险性，就认定行为人明知该枪形物是枪支，那么玩具店老板将会变成高危职业，制裁范围明显过大。因此，至少要求被告人赵某华认识到她所持有的枪形物的危险性超过仿真枪、玩具枪，才能认为她认识到了她持有的是枪支。但被告人赵某华一直称自己认为涉案枪形物是玩具枪。根据"外行人领域的平行评价"标准，在赵某华非法持有枪支案中，按照社会一般人、平均人的理解，其所持有的枪形物会不会被认为是法律明文禁止持有的"枪支"呢？回答显然是否定的。在我国这样一个禁枪国家，射击气球摊位并不罕见，带着孩子的家长也不会反感孩子去玩上一局，谁会将这种行为与犯罪挂钩呢？在他们看来，这种枪只能击破气球，和孩子的玩具枪没什么两样。从本案的案情来看，赵某华对其所持有的枪形物的理解与我们一般老百姓的理解完全一致，是理性人的正常理解，而这种理解与法律意义上作为非法持有枪支罪之规范性构成要件要素的“枪支”的含义之间存在明显区别，因而赵某华称自己以为持有的枪形物是玩具枪的说法具有可信度和合理性，不能以此认定赵某华明知其持有的枪形物是枪支。另外，二审判决中认定赵某华对“枪支”存在明知的另一个重要理由是，赵某华明知该枪形物“不能通过正常途径购买获得”，但何为“正常途径”，判决理由则略去不提。从案件事实来看，赵某华是从前任摊主手中以合理的价格盘下该射击游戏摊位和涉案枪形物。按照社会一般观念，只要不是从事非法交易或价格明显不合理，以合理价格转手摊位是经营过程中再正常不过的事情，人们也不会认为射击摊位转手的过程就是在买卖枪支。赵某华对于所转让的枪形物的理解与社会一般观念完全一致，而这种理解与法律意义上的“枪支”含义显然不同，因此也不能认定其明知。

对于第二个问题，即赵某华是否明知自己持有枪形物的行为违反了枪支管理规定，需要明确的是，这是一个违法性认识错误问题，不同于事实性认识错误可以直接排除故意，违法性认识错误并不必然起到阻却故意的作用。学界大部分观点认为，判断违法性认识错误的效力，需要针对案情具体分析，考察错误的可避免性，当行为人缺乏违法性认识时是难以避免的，可以阻却犯罪故意，否则，只能起到减免责任的作用。无论是何种违反《枪支管理法》而持有枪支的行为，其前提必须是行为人明知所持有的是《枪支管理法》意义上的“枪支”。在本案中，由于赵某华没有认识到自己所持有的枪形物符合这一关于“枪支”的法律定义以及公安部相关文件规定，因此缺乏“违反枪支管理规定”的前提条件，更无法说她对“违反枪支管理规定”存在明知，所以，赵某华存在违法性认识错误。接下来进一步分析这种错误能否避免。就本案事实而言，赵某华是从偏远牧区来天津打工的民工，仅有初中文凭，其原先一直在老家呼伦贝尔的一个林场从事种植业，2013 年才到天津一家工厂打工，案发时她刚辞职摆射击摊 2 个多月。从赵某华的生活经历与认知能力来看，她不可能具备枪支方面的知识；同时，由于我国的枪支认定标准较为复杂，公安部门在 2007 年大幅降低枪支认定标准之后并没有作广泛的宣传，客观上赵某华也缺乏了解枪支方面相关规定的机会与可能性。甚至可以说，赵某华案及类似涉枪案件的发生，与政府对枪支的行政监管缺位相关。2015 年，被告人刘某从境外网购 24 支仿真枪，被福建省高级人民法院以走私武器罪判处无期徒刑，他宣称：“我情愿你们用这个仿真枪处置我，如果打死我，我就承认这是枪，如果打不死我就把我无罪释放！”①枪支认定和监管方面存在的问题可见一斑。在此种情况下，对作为普通消费者的民众赋予超出其认识能力的注意义务，实属强人所难。作为消费者，不可能对自己在玩具市场或者在网上购买的玩具枪进行专业的枪口比动能鉴定，甚至不可能产生这个想法。司法机关也不应仅凭事后的一纸鉴定结论就追究行为人的刑事责任，尤其对那些鉴定数据略微超过临界值的案件更是如此。基于此，应当认定赵某华存在不可避免的违法性认识错误，按国内刑法理论的通说，此类错误将产生因阻却故意而无罪的结果。

但需要注意的是，我国现行《刑法》并未就违法性认识错误的处理作出明文规定，实务中通常坚持的是不知法不免责的立场，并不认为此类错误能产生阻却犯罪的效果，而是认为它至多只能影响量刑。与赵某华案类似的不少轰动性案件，例如农民王某军无证收购

① （2016）闽刑再 8 号。

玉米被判非法经营案①、秦某采摘兰草被判非法采伐国家重点保护植物案②，被告人都辩称“没想到或不认为自己的行为是犯罪”，这一说法得到舆论的广泛同情与共情，公众普遍感觉到自己与案件的被告人一样，对于涉案的违法性问题存在错误认识甚至无知。而法院得出的有罪结论，与普通民众的正义直觉产生了激烈对立。舆情显示，很多人对被告人的行为构成犯罪感到错愕，由此对司法判决的定罪结论产生强烈质疑和抵触。对此，有学者认为，中国社会的刑事治理已经进入法定犯时代，违法性认识错误的案件必将越来越多。在违法性认识错误的研究成果已渐成积累的情况下，可以期待焦点案件形成倒逼压力，促使学界与实务界共同努力，推动理论与实践脱钩的局面发生改变。③

① （2016）内0802刑初54号。
② （2016）豫1224刑初208号。
③ 车浩：《非法持有枪支罪的构成要件》，载《华东政法大学学报》2017年第6期。

第五章 放火罪与故意杀人罪的界分
——莫某晶盗窃、放火案①

一、案情简介

莫某晶是一位住家保姆，户籍地为广东省东莞市，案发前暂住浙江省杭州市上城区。莫某晶因长期沉迷赌博而身负高额债务，为躲债于 2015 年外出打工。2016 年 9 月，莫某晶经中介应聘到朱某(女，殁年 34 岁)、林某 1 夫妇位于杭州市上城区的家中从事住家保姆工作。2017 年 3 月至同年 6 月 21 日，莫某晶为筹集赌资，多次窃取朱某家中的金器、手表等物品进行典当、抵押，至案发时，尚有价值 19.8 万余元的物品未被赎回。其间，莫某晶还以老家买房为借口向朱某借款 11.4 万元。上述款项均被莫某晶用于赌博挥霍一空。

2017 年 6 月 21 日晚至次日凌晨，莫某晶用手机上网赌博，输光了当晚偷窃朱某家一块手表典当所得赃款 3.75 万元。为继续筹集赌资，其决意采取先放火再灭火的方式骗取朱某的感激，以便再向朱某借钱。6 月 22 日凌晨 2 时至 4 时许，莫某晶使用手机上网查询“打火机自动爆炸”“家里突然着火什么原因”“沙发突然着火”“家里窗帘突然着火”“放火要坐牢吗”“火容易慢燃吗”“发生火灾火怎样才能燃烧慢点”“起火原因鉴定”“火灾起点原因容易查吗”等与放火有关的关键词信息。凌晨 4 时 55 分许，莫某晶用打火机点燃书本引燃客厅沙发、窗帘等易燃物品，导致火势迅速蔓延，造成屋内的被害人朱某及其子女林某 2(男，殁年 10 岁)、林某 3(女，殁年 7 岁)、林某 4(男，殁年 4 岁)四人被困火场吸入一氧化碳中毒死亡，并造成室内精装修及家具和邻近房屋部分设施损毁。经鉴定，被害人所住房屋精装修、部分构件材料及邻近房屋幕墙的损失共计 257 万余元。火灾发生后，莫某晶逃至室外，报警并向他人求助，后在公寓楼下被公安机关带走调查。

法院另查明，2015 年 7 月，莫某晶在浙江省绍兴市徐某家做保姆时，盗窃茅台酒两瓶；2016 年 2 月，莫某晶在上海市李某家做保姆时，盗窃同住保姆汪某现金 6500 元。上述盗窃行为被发现后，莫某晶退还或退赔财物。2015 年 11 月至同年 12 月，莫某晶在上海市浦东新区周某家做保姆时，多次窃取戒指、项链等物品进行典当，在被发觉前赎回归还。

---

① (2018)浙刑终 82 号。

杭州市中级人民法院根据上述事实和相关法律规定，以放火罪判处被告人莫某晶死刑，剥夺政治权利终身；以盗窃罪判处其有期徒刑五年，并处罚金人民币一万元；数罪并罚，决定执行死刑，剥夺政治权利终身，并处罚金人民币一万元。

莫某晶不服一审判决，于2018年2月24日向浙江省高级人民法院提起上诉。浙江省高级人民法院经审理，认为原判认定的事实清楚，证据确实、充分，裁定驳回上诉，维持原判。

二、案例分析

(一)放火罪与故意杀人罪的辨析

在分析本案的定性时，可能涉及刑法理论中的想象竞合犯。想象竞合，也称想象的数罪、观念的竞合、一行为数法，是指一个行为触犯了数个罪名的情况。[①] 尽管想象竞合犯的行为符合数个犯罪构成，但在法律责任承担上，通常是选择法定刑较重的犯罪进行处罚。

在本案中，通过莫某晶在实施放火行为前搜索引擎上留下的记录可以看出，其主观上存在明确的放火故意。并且，莫某晶放火的地方是居民楼，一旦火势发展是完全有可能危及不特定多数人的人身财产安全的，完全符合放火罪的犯罪构成。根据我国《刑法》规定：放火罪属于危害公共安全犯罪；而故意杀人罪属于侵害公民人身权利、民主权利犯罪。区分放火罪和以放火方式实施故意杀人行为构成的故意杀人罪的关键也在于此，放火罪犯罪后果的严重性和广泛性往往是难以预料的，甚至是行为人自己也难以控制的。因此可以说，并非所有的用放火方法实施的犯罪行为都构成放火罪，关键是要看放火行为是否足以危害公共安全。因此，对本案的定性，存在以下两种意见：

第一种意见认为，被告人莫某晶采取放火的方式报复他人，危害公共安全，其行为触犯了《刑法》第一百一十四条的规定，构成放火罪。

第二种意见认为，被告人莫某晶出于报复的目的，意欲放火烧死他人，其行为触犯了《刑法》第二百三十二条的规定，构成故意杀人罪。

放火罪是指故意放火焚烧公私财物，危害公共安全的行为。本罪侵犯的客体是公共安全。这里所说的公共安全，是指不特定多数人的生命、健康和重大公私财产的安全。犯罪对象主要是建筑物或其他财物；客观方面表现为实施放火焚烧公私财物、危害公共安全的行为，具体包括两个方面，一是放火行为必须是由行为人实施的，二是行为已经或者足以危及公共安全。在通常情况下是利用各种引火物点燃犯罪对象，仅限于作为方式。但并不是说放火罪只能由作为方式完成，不作为的方式也可以构成放火罪。例如，化工厂的保管员明知某种化工原料不能集中堆放，集中堆放会引起自燃，因他对领导有意见，故意集中堆放原料，希望或者放任火灾发生，对其行为就应当以放火罪论处；犯罪主体是一般主体，已满14周岁的应承担刑事责任；主观方面是故意，包括直接故意和间接故意。放火

① 张明楷：《刑法学》，法律出版社2021年版，第672页。

罪的认定不要求行为人出于报复、制造事端等特定动机。

故意杀人罪是指故意非法剥夺他人生命的行为。本罪侵犯的客体是他人的生命权。客观方面表现为必须有非法剥夺他人生命的行为；主观上须有非法剥夺他人生命的故意，包括直接故意和间接故意，即明知自己的行为会发生他人死亡的危害后果，并且希望或者放任这种结果的发生。

放火罪与以放火方法实施的故意杀人罪的本质区别在于放火罪的犯罪后果的严重性和广泛性往往是难以预料的，甚至是行为人自己也难以控制的。因此可以说，并非所有的用放火方法实施的犯罪行为都构成放火罪，关键是要看放火行为是否足以危害公共安全。如果行为人实施放火行为，而将火势有效地控制在较小的范围内，没有危害也不足以危害不特定多数人的生命、健康和重大公私财产的安全，就不构成放火罪，而应根据案件具体情节，定故意毁坏公私财物罪或故意杀人罪、故意伤害罪等。本案被告人莫某晶，意图采取先放火再灭火的方式骗取被害人朱某的感激以便再向朱某借钱，引燃客厅沙发、窗帘等易燃物品，导致火势迅速蔓延，造成屋内的朱某及其三名未成年子女被困火场吸入一氧化碳中毒死亡，其放火的主观意图是为了骗取被害人朱某的信任而“先放火再扑火”，并无直接杀人的意图，其放火行为不仅损害了财物，也致使 4 名被害人死亡，超出了被告人的控制范围，严重危害了不特定多数人的生命、健康和重大公私财产的安全，而不是相对特定人的生命安全，因此，莫某晶行为不构成故意杀人罪，而构成放火罪。

(二)行为人是否构成自首或坦白

莫某晶虽然在火灾发生后按照被害人朱某的要求拨打“119”报警，但其报警行为只是向公安机关反映现场发生火灾的事实，而非主动向公安机关承认自己放火的犯罪事实。且在上诉人报警前，被害人朱某本人及相关群众已多次报警，故原判认定上诉人报警并无实际价值适当。虽然上诉人逃至室外到起火建筑楼下没有离开，但在案证人证言反映，上诉人在他人询问起火情况时，并未向他人告知系自己放火，在被公安民警带至派出所接受询问时，上诉人亦未交代放火行为，故其虽于案发后在现场楼下等候，但并无投案的主观意愿，不属于在现场等候投案的情形。另外，公安民警在询问上诉人莫某晶过程中，发现其神情紧张，经上诉人同意并亲自输入手势密码后才查阅其案发前使用手机的情况，在其使用的手机内发现搜索、浏览有关火灾、打火机自燃等网页内容的记录，确认其有实施放火犯罪的重大嫌疑，并于当日 12 时 40 分对其刑事传唤。上诉人系民警在讯问中连续提示其案发前异常行踪和行为并进行思想教育的情况下，才交代实施放火行为的主要犯罪事实。因此，辩护人提出上诉人莫某晶系公安机关尚未掌握放火犯罪主要事实之前主动交代构成自首、公安机关查看莫某晶手机违法的意见不能成立，法院不予采信。但鉴于上诉人能在讯问中交代本人放火的犯罪事实，可以认定其对所犯放火罪具有坦白情节。

(三)因果关系与介入因素

在案件审理过程中，社会舆论对消防部门接到火警到灭火的时间近两个小时，消防部门是否存在失职并对造成严重后果是否负有责任表示关切，对物业管理存在不足是否是导致严重后果出现的原因存在争议。简而言之，物业管理存在不足和消防救援与该案造成 4

人死亡及巨额财产损失等严重后果之间是否存在因果关系成为人民群众十分关注的问题。物业管理的不足，是莫某晶放火前已经存在的状态，而非莫某晶实施放火行为后的“介入因素”，与该案严重后果之间没有刑法上的因果关系。消防救援这个“介入因素”并非促使该案严重后果发生的因素，与该案严重后果之间不存在刑法上的因果关系。

因果关系是某种先行事实与后行事实之间引起与被引起的关系。关于因果关系的学说主要有三种，即条件说、原因说和相当因果关系说。条件说认为，使一事实发生的所有条件都是原因。原因说认为，条件和原因应当区分，诸条件中最重要的、有力的或必需的，即是原因。相当因果关系说认为，通常情况下可以使一定事实结果发生的条件就是原因。

条件说是从“缺一不可”的角度进行论述，如果缺乏任何一个条件，结果就不会发生。原因说是从各种条件的重要性不同的角度进行论述，对各种条件对结果发生的重要性的不同进行了区分，将最重要的条件确立为原因。相当因果关系说是从常理常情和普通人容易接受的角度入手，将一些能够为大多数人所接受的导致结果出现的条件作为原因展开论述。

如果我们将因果关系的三种学说应用到刑法和刑事司法中，会发现无论采用哪种学说都存在缺憾。因为刑法上的因果关系，不是泛泛的因果关系，而是犯罪构成要件中的行为与构成要件中的结果之间的引起与被引起的关系。行为的危险性即是发生结果的危险，并且结果正是这一危险的现实化。简而言之，刑法中的因果关系不同于民法中的因果关系，更不同于哲学上的因果关系，因为每一个领域通过因果关系需要解决的问题不一样。考察刑法中的因果关系，必须考察条件与原因，条件与原因不能混为一谈。因果关系是行为人承担刑事责任的基础。在行为人实施符合犯罪构成要件的行为前已经存在的有利于导致构成要件结果出现的状态，这个状态是条件，而不是原因，更不是介入因素。如行为人在击打被害人胸部一拳后，被害人因心脏病突发而死亡的案件。按照条件说，行为人的行为与被害人的心脏病都是死亡发生的原因。笔者认为，条件说的解释不够准确。行为人实施了符合故意伤害罪构成要件的行为导致了被害人的死亡，行为人的行为就是造成被害人死亡的原因，而被害人的心脏病只是造成被害人死亡的一个条件。因为被害人有心脏病这个条件，行为人的行为才合乎规律地出现了被害人死亡的结果。否则，被害人即使有心脏病，也不会死亡。行为人的行为与被害人的死亡之间存在因果关系，因此，需要追究行为人故意伤害罪的刑事责任。当然，在追究刑事责任时，必须考察被告人的主观心态，考虑被害人本身有心脏病这一条件，进而对被告人从宽处罚。又如，小偷利用商场疏于防范之机盗窃大量财物的案件。商场疏于防范是小偷成功盗窃的条件，而非盗窃罪发生的原因，与小偷的盗窃行为之间没有因果关系。商场疏于防范亦非“介入因素”，而是小偷在实施盗窃行为前就已经存在的状态。

关于何为“介入因素”的问题，笔者认为，介入因素是行为人实施符合刑法规定的犯罪构成要件的行为后，外力的介入影响了因果关系的进程，那么这种外力的介入可以称之为“介入因素”。“介入因素”可以阻断原先的因果关系，也可以与原先的因果关系合力，形成刑法中的多因一果。一个危害社会的行为如果必然导致危害结果的产生，只有当外力的介入加重或者促进这种结果的产生时，才能认为是刑法上的多因一果。因此，“介入因素”的出现是有时间条件的，这种因素不是行为人实施构成要件行为前已然存在的状态，而是行为人实施危害行为后才出现的“外力”；“介入因素”与危害结果之间成立因果关系还必须是这种因素加重或者促进危害结果的产生，否则“介入因素”不可能成为危害结果发生的原因之一。

二审法院为了回应社会关切，对刑法中因果关系理论中的原因、条件、介入因素等予以梳理，在二审裁定书中对物业管理不足和消防救援与该案严重后果之间是否存在因果关系进行了详细论证。二审裁定书从消防部门的法定职责及履职情况着手，认为公安消防部门进行消防救援系阻断或者减少火灾损失的行为，是一项法定职责，如果不尽职尽责，应当承担责任。但从该案看，消防部门接警后及时派出消防员、消防车赶赴火灾现场，消防员携带灭火救援装备进入着火建筑，在发现水枪射程不能满足灭火需要时，消防员立即通知物业检查消防泵运转情况。消防指挥人员发现小区消火栓水泵接合器阀门锈死后，一方面联系供水部门为案发小区附近市政供水管网加压，另一方面及时指令消防员沿楼梯蜿蜒铺设水带，实现水带供水，逐渐控制火势。大火得以基本扑灭后，4 名被害人被搜救发现并移交医护人员。消防员进入着火现场后，同步开展灭火和人员搜救工作。在不具备直接救人条件的情况下，消防员必须以有效控制火势为前提，进而为救人创造条件。综合该案的火场环境和房屋结构，内攻消防员不存在先救人、再灭火的客观条件。4 名被害人直到火灾扑救尾段才被发现，与 4 名被害人被困位置离入户门较远及现场火势大有直接关联。综观该案火灾的扑救过程，消防人员履行了法定职责，救援符合规程，不存在失职、失误、拖延的情况。火灾救援时间较长，是由于水压不足、水泵接合器阀门锈死等客观原因造成。以当时的情形，消防救援已经无法阻断该案严重后果的发生。消防救援虽然可以称之为被告人放火后的外力“介入因素”，但该“介入因素”并非加速或者促进该案严重后果发生的“介入因素”，而是阻止严重后果发生的“介入因素”，且该“介入因素”不存在失职、失误、拖延等情况，因此，消防救援这个“介入因素”并非促使严重后果发生的因素，并非导致严重后果的原因之一，消防救援与该案严重后果之间不存在刑法上的因果关系。另外，案发小区物业管理单位存在物业消防安全管理落实不到位、应急处置能力不足及消防供水设施运行不正常等问题。该案中 4 名被害人起火后不久即因吸入浓烟陷入昏迷导致一氧化碳中毒死亡，水压不足等物业管理存在的问题与 4 名被害人的死亡之间不存在实质上的关联。物业管理存在的问题导致水压不足，水枪不能有效出水，客观上延长了灭火时间，对火灾所造成财产损失的扩大有一定的影响。但物业管理的不足，是莫某晶放火前已经存在的状态，而非莫某晶实施放火行为后的“介入因素”，即物业管理的不足是造成该案巨额财产损失的条件，而非原因，不符合刑法上的多因一果情形，故物业管理不足与该案 4 人死亡及巨额财产损失等严重后果之间不存在刑法意义上的因果关系。

(四) 辩护人擅自离庭的行为是否可以被认定为拒绝辩护

在上级法院未作出指定管辖决定的情况下，犯罪地法院对刑事案件具有法定管辖权，杭州市中级人民法院将辩护人不服从法庭指挥擅自离庭的行为视为拒绝继续辩护，是正确的。

理由是我国《刑事诉讼法》没有诉讼化的管辖异议制度。区别于民事诉讼、行政诉讼中的管辖异议，我国《刑事诉讼法》未赋予当事人上诉权等程序化的救济权利。当事人及其辩护人、诉讼代理人可以向上级法院提出指定异地管辖的申请，但是否指定管辖主要由上级法院依职权决定。虽然我国《刑事诉讼法》没有规定与民事诉讼、行政诉讼相似的管辖异议制度，但鉴于《刑事诉讼法》规定有移送管辖、指定管辖等管辖权变更制度，从保障当事人及其辩护人、诉讼代理人诉讼权利的角度出发，笔者认为，应当允许当事人及其辩护人、诉讼代理人根据《刑事诉讼法》第二十七条的规定，向受理案件法院的上级法院提出指定异地法院管辖的申请。但按照《刑事诉讼法》的规定及司法实践，我国侦查、公诉、审判机关一般均按职权以犯罪地管辖和级别管辖的规定依法确定管辖的人民法院。指定异地管辖，一般由上级人民法院甚至最高人民法院依职权决定。提高级别管辖也是由人民法院根据案件的实际情况依职权决定的。《刑事诉讼法》对上级法院并无必须作出不启动指定管辖决定的强制性要求。当事人、辩护人及诉讼代理人虽然可以向上级法院提出指定异地管辖的申请，但《刑事诉讼法》并未要求上级法院必须对此类申请作出答复。在上级法院未予答复的情况下，应当视为上级法院不启动指定管辖，根据地域管辖、级别管辖确定的管辖权系属法院当然具有法定管辖权。辩护人擅自离庭的行为属于典型的拒绝辩护的行为。在法庭审理过程中，为了确保庭审顺利进行，依法保障当事人及其辩护人、诉讼代理人的诉讼权利，公诉人、诉讼参与人必须服从法庭的指挥。对法庭违反法定程序、违法审判的，公诉人、诉讼参与人可以在庭后进行监督，而不能以退庭相要挟，对抗法庭审判。因此，辩护人不服从法庭指挥，擅自离庭的，应当被视为拒绝继续辩护。也因此，最高人民法院、司法部在《关于依法保障律师诉讼权利和规范律师参与庭审活动的通知》中作出规定："具有擅自退庭、无正当理由不按时出庭参加诉讼、被拘留或者具结保证书后再次被依法责令退出法庭、强行带出法庭的，不得继续担任同一案件的辩护人、诉讼代理人。"

第六章　破坏交通设施罪的司法认定
——陈某破坏交通设施案①

一、案情简介

2015年6月6日12时30分许，被告人陈某从昌福线K540千米处一临时板房内盗出铁锤1把、断线钳1把、扳手2把、螺丝刀1把、柴油发动机油1桶及机械用润滑黄油5管，随后窜至昌福线福州站至杜坞站区间K539+820M处下行线栅栏边，用铁锤将栅栏水泥栏条砸断，进入昌福线路。陈某用铁锤将昌福线下行线K539+820M处的21个铁轨扣件砸坏，把黄油涂抹在该段铁轨上，再浇上机油。随后又窜至昌福线福州至杜坞区间K540+020M处上行线左侧，用铁锤砸、脚踹等方式，强行打开该处铁轨旁的信号控制箱，破坏了箱内的电路板、电线等设施，之后把附近的电缆槽盖板翻开，用断线钳剪断电缆槽内的8根通信光缆。当日14时26分，福州工务段安全生产调度中心发现昌福线福州至杜坞区间出现红网报警，福州车站发出调度命令，于14时41分封锁该区间，经抢修，19时36分区间线路恢复正常。2015年6月7日，陈某被抓获，到案后如实供述，自愿认罪。

公诉机关福州铁路运输检察院诉称：被告人陈某连续实施破坏运营中的高速铁路轨道及信号装置的行为，阻断高速铁路正常运行5小时左右，致使17趟列车晚点，大量旅客滞留，构成破坏交通设施罪，并属于造成严重后果的情形。

福州铁路运输法院认为，被告人陈某破坏正在使用中的高速铁路设施，足以使火车发生倾覆、毁坏危险，尚未造成严重后果，其行为已构成破坏交通设施罪，依照《刑法》第一百一十七条、第六十七条第三款的规定，以破坏交通设施罪判处被告人陈某有期徒刑七年。

一审宣判后，陈某提出上诉，认为原判量刑过重。

福州铁路运输检察院提出抗诉，认为陈某连续实施破坏运营中的高速铁路轨道及信号装置的行为，阻断高速铁路正常运行5小时左右，致使17趟列车晚点，大量旅客滞留，并造成直接经济损失15万余元，属于严重后果，应当适用《刑法》第一百一十九条第一款对其定罪量刑。原判适用法律错误，导致量刑不当。

江西省人民检察院南昌铁路运输分院支持抗诉意见，认为被告人陈某破坏交通设施的

① 南铁中刑终字第17号。

犯罪行为，属于《刑法》第一百一十九条第一款的严重后果，应依照此法条量刑，一审适用第一百一十七条量刑属于法律适用错误。

南昌铁路运输中级人民法院经二审审理认为：上诉人陈某持铁锤砸断昌福铁路线水泥护栏，砸坏轨道扣件，在铁轨上涂抹黄油、浇机油，破坏铁路信号控制装置，剪断通信光缆，影响昌福铁路线福州至杜坞区间正常通行约 5 小时，多趟列车晚点，大量旅客滞留，造成严重后果，其行为已构成破坏交通设施罪，应依照《刑法》第一百一十九条第一款的规定量刑。陈某归案后如实供述，可予从轻处罚。经审判委员会讨论决定，依照《中华人民共和国刑事诉讼法》第二百二十五条第一款第(二)项，《中华人民共和国刑法》第一百一十九条第一款、第六十七条第三款的规定，判决撤销福州铁路运输法院(2015)福铁刑初字第 22 号刑事判决，上诉人陈某犯破坏交通设施罪，判处有期徒刑十年。

二、案例分析

(一)罪名指南

1. 法律规定

我国《刑法》第一百一十七条规定，破坏轨道、桥梁、隧道、公路、机场、航道、灯塔、标志或者进行其他破坏活动，足以使火车、汽车、电车、船只、航空器发生倾覆、毁坏危险，尚未造成严重后果的，处三年以上十年以下有期徒刑。

第一百一十九条规定，破坏交通工具、交通设施、电力设备、燃气设备、易燃易爆设备，造成严重后果的，处十年以上有期徒刑、无期徒刑或者死刑。

2. 概念

破坏交通设施罪，是指故意破坏轨道、桥梁、隧道、公路、机场、航道、灯塔、标志或者进行其他破坏活动，足以使火车、汽车、电车、船只、航空器发生倾覆、毁坏危险，足以危害公共安全的行为。

3. 犯罪构成

(1)本罪侵犯的客体为交通运输安全，破坏的对象是正在使用中的直接关系交通运输安全的交通设施。所谓正在使用中的交通设施，是指交通设施已经交付使用或者处于正在使用之中，而不是正在建设或正在修理且未交付使用的交通设施或已废弃不用的交通设施。如果破坏的是正在建设、修理而未交付使用的或废弃不用的交通设施，则不构成本罪。因为上述交通设施不处于正在使用的过程中，因而不涉及是否会影响交通工具的安全运行问题，故不构成破坏交通设施罪。对于破坏上述未处于使用状态的交通设施构成犯罪的，应依法认定为毁坏公私财物或盗窃等犯罪。所谓直接关系交通运输安全，是指直接关系到火车、汽车、电车、船只、航空器的行车、行船、飞行安全，如铁路轨道、地铁隧道、公路、飞行跑道、机场航道、灯塔、信号灯等，交通工具要在这些交通设施上行驶或者要根据其发出的信号指示行驶，也就是说，这些交通设施与交通运输安全有着直接联系，如果对这些交通设施进行破坏，就会直接造成火车、汽车、电车、船只、航空器发生倾覆、毁坏的危险，危害公共安全。

(2)本罪的客观方面表现为使用各种方法破坏轨道、桥梁、隧道、公路、机场、航道、灯塔、标志，或者进行其他破坏活动，足以使火车、汽车、电车、船只、航空器发生倾覆、毁坏危险的行为。

(3)本罪的主体是一般主体，即任何达到刑事责任年龄、具有刑事责任能力的人。

(4)本罪主观方面表现为故意，包括直接故意和间接故意，即行为人明知破坏交通设施会造成交通工具发生倾覆、毁坏的危险，并且希望或者放任这种危险状态的发生。

(二)破坏交通设施罪与盗窃罪的界限

在司法实践中，出于非法占有的目的，盗窃交通设施(如盗窃铁轨上的枕木，偷割使用中的铁路专用电缆，从保障交通运输安全的电气设备上偷拆电子元件等)，从而严重危害交通运输安全的犯罪，与盗窃罪容易混淆。两者虽然都是以非法占有为目的，秘密窃取财物，但前者盗窃的不是一般公共财物，而是正在使用中关系到交通运输安全的设施，这种盗窃行为，不仅侵犯财产关系，而且严重危害交通运输安全；同时，行为人对其行为可能造成交通工具发生倾覆或者毁坏的危险大多采取放任态度，即表现为间接故意。因此，这种行为既是盗窃罪，又是破坏交通设施罪，应当按一个重罪即破坏交通设施罪定罪判刑。而盗窃罪窃取的是一般公私财物，或者盗窃未投入使用的交通设备，不影响交通运输安全，其侵犯的客体只是公私财产权利，因此，与上述以盗窃交通设施为目的而构成的破坏交通设施罪有本质区别。

(三)破坏交通设施罪与非罪的界限

根据《中华人民共和国治安管理处罚法》第三十五条的规定，破坏交通设施的一般违法行为包括以下行为方式：第一，盗窃、损毁或者擅自移动铁路设施、设备、机车车辆配件或者安全标志的；第二，在铁路线上放置障碍物，或者故意向列车投掷物品的；第三，在铁路线路、桥梁、涵洞处挖掘坑穴、采石取沙的；第四，在铁路线路上私设道口或者平交过道的。区分破坏交通设施罪与上述一般违法行为的关键在于，破坏交通设施的行为是否足以使交通工具发生倾覆、毁坏危险，是否危害交通运输安全。如果破坏行为已经造成或者足以造成交通工具倾覆或毁坏，从而危害交通运输安全的，应以破坏交通设施罪论处；如果破坏行为只是可能影响交通运输安全，但尚未达到足以使交通工具发生倾覆、毁坏危险的严重程度，则属于破坏交通设施的违法行为。

(四)破坏交通设施罪与破坏交通工具罪的界限

破坏交通设施罪和破坏交通工具罪都是危害交通运输安全的犯罪，两者的主要区别在于侵犯的对象不同。破坏交通设施罪侵犯的对象是正在使用中的轨道、桥梁、隧道、公路、机场、航道、灯塔、标志等保证交通工具正常行驶的交通设施，通过破坏这些交通设施来达到引起火车、汽车等交通工具发生倾覆、毁坏危险；而破坏交通工具罪侵犯的对象则直接指向正在使用中的火车、汽车、电车、船只、航空器等交通工具本身，通过破坏交通工具本身，来引起交通工具发生倾覆、毁坏危险。

由于交通设施与交通工具之间的相互依存关系，破坏交通设施往往会引起交通工具的倾覆、毁坏，而且这种危害结果的发生通常是行为人所追求的目的；同样，破坏交通工具也常引起交通设施被破坏。在这种情况下，是定破坏交通设施罪，还是定破坏交通工具罪，要视行为的直接指向而定。如果行为指向交通设施，直接破坏交通设备，应定破坏交通设施罪。其所引起的交通工具的倾覆、毁坏，应被视为破坏交通设施，造成严重后果，适用《刑法》第一百一十九条规定的破坏交通设施罪的结果加重条款。如果行为指向交通工具，直接破坏交通工具，应定破坏交通工具罪。其所引起的对交通设施的破坏，也应视为破坏交通工具造成严重后果的情况。

(五)如何理解“足以发生倾覆、毁坏危险”“严重后果”

长期以来，无论是理论界还是实务界，对破坏交通设施罪中“危险”的界定，即依据何种标准来判断破坏行为是否足以使交通工具发生倾覆、毁坏危险存有颇多争议。关于这一问题，目前法律与相关司法解释没有提供任何可供操作的指导性意见。这就给铁路运输检察机关在审查和认定该罪罪名上带来了较大的困难。

一种观点认为，“危险”应当是一种现实的、紧迫的危险。这种危险在事物发展的进程中距离结果已经相当接近：根据具体情况，按照客观规律，我们可以预测到除非发生某些突然的变化，危险即将转化成现实的危害结果。

另一种观点主张，“危险”应当被理解为破坏行为本身所具有的导致危害结果发生的可能性，即危险是行为的属性。虽然危险是一种客观状态，但由于通常情况下不能明确区分作为行为的危险与作为结果的危险，故可以根据行为的危险认定行为造成了危险状态。因此，只要破坏行为是针对正在使用的交通设施的整体或重要部件，就可以认定存在危险。

依照《中华人民共和国铁路法》第六十一条、第六十二条的规定，行为人故意损毁、移动铁路行车信号装置或者在铁路线路上放置足以使列车倾覆的障碍物；盗窃铁路线路上行车设施的零件、部件或者铁路线路上的器材，危及行车安全，以破坏交通设施罪定罪处罚。相较于《刑法》规定的破坏交通设施罪，《中华人民共和国铁路法》的这两条规定作为特别刑事法则，对破坏交通设施罪的危险作出了特殊的规定。

“足以发生倾覆、毁坏危险”是破坏交通设施罪构成要件中的重要要件之一，因而这种危险状态就需要运用证据加以查明，不允许任何主观推断。因此，该危险仍应当被解释为使交通工具发生倾覆、毁坏的现实可能性。这种可能性自行为人实施破坏行为时即存在。

但是我们如何去把握“危险”的关键点——“足以”这个程度，才是判断该行为是否构成破坏交通设施罪的重点。在司法实践中对“足以”概念的含义如何评判，是判断是否构成犯罪的重要要件，对“足以”的鉴定，因侵犯的对象不同，鉴定的机构也就不同，鉴定的标准也不同，甚至鉴定人专业知识掌握程度不同，得出的结论也会不同，这正是困扰司法机关的难点之一。司法机关只有根据专业鉴定机构的鉴定结论，才能作出罪与非罪的决定，因此，鉴定结论的重要性可见一斑。但是，涉及犯罪对象的行业不同，有资格的鉴定机构也不同。就铁路部门而言，其明确规定有权作出权威鉴定结论的机构是各铁路局的安全监察部门，凡是涉及各专业口的鉴定材料首先交安全监察部门，由安全监察部门汇总材料后出具最终结论。我们在司法实践中往往从法律的角度认为已足以造成严重后果，但是，安全监察部门不一定认为足以造成严重后果。这样的问题我们该如何解决呢？我们应当把握两点：一是《刑法》中的危险不完全是事实判断问题，而且还是法律判断问题，即危险的判断还需要根据该行为本身的性质、当前的社会治安秩序等刑事政策因素来决定。检察官可以积极发挥司法职能，根据当前的铁路治安秩序以及刑事政策，适当地把握《刑法》的适用范围。二是既然法律意义上的危险与科学意义上的危险是不同的概念，那么就可以按照《刑法》上的因果关系理论进行分析。《刑法》上的因果关系，一般表现为两种现象之间有着内在的、必然的、合乎规律的引起与被引起的联系。这是因果关系基本的和主要的表现形式。通常也只有这样的因果关系，才能令行为人对其行为引起的结果负责。但自然和社会现象是十分复杂的，因果关系的表现也不例外，除大量存在的必然联系的因果关系之外，客观上还存在偶然联系的因果关系。即某种行为本身不包含产生某种危害结果的必然性，但是在其发展过程中，偶然又有其他原因加入其中，即偶然地同另一原因的展开过程相交错，由后来介入的这一原因合乎规律地引起了这种危害结果。这种情况下，先行行为与最终危害结果之间的偶然联系，即被称为偶然因果关系。至于偶然因果关系是否能一概对危害行为予以评价，我们认为应根据具体情况作具体分析。如果危害行为引起危害结果发生或引起危害结果发生的可能性是非常小的或者说几乎不可能的，而介入因素对危害结果发生或发生可能性起主要作用的，就不应对危害行为作破坏交通设施罪的评价，而应将介入因素作为破坏交通设施罪的评价。如行为人盗窃铁路道口的警示牌的案件，警示牌属于交通设施是毫无疑问的，但将这种行为认定为破坏交通设施罪就有悖刑法上的因果关系理论。因为在这种情况下，即使没有这种警示标志，作为通过道口的车辆，对经过铁路道口需要“一停二看三通过”这种最基本的交通规则都应是明知的，即不能因为警示标志的不存在就可以违反交通规则。在这种情况下，是否构成破坏交通设施罪，介入因素无疑起了主要作用。因此，就不能对先前的盗窃行为作破坏交通设施罪的评价，而只能对其行为本身作刑法上的评价，如认定为盗窃罪等。因此，专业技术部门根据调查结果制作的鉴定意见书，应作为司法机关审查危险的重要证据，但不能作为定罪的决定性依据。

另外，铁路运输领域破坏交通设施罪的入罪标准是足以使火车发生倾覆、毁坏的危险；“严重后果”的量刑应当从火车倾覆、人员伤亡、重大直接经济损失、中断行车时长等方面分别考量。

根据《刑法》第一百一十七条的规定，破坏交通设施罪是具体危险犯，只要破坏行为足以使火车发生倾覆、毁坏危险的，即可成立本罪。构成破坏交通设施罪的“危险”的判断标准和作为量刑情节的“后果”的判断标准，既有关联，又有不同。火车等交通工具足以发生倾覆或毁坏是“危险”的唯一判断标准，而中断行车等因素则显然不在此列。而作为该罪量刑情节的后果，则既包括危险结果，又包括实害结果，即破坏交通设施行为对公共安全法益造成的现实侵害事实，包括火车等交通工具的倾覆、毁坏以及人员伤亡、财产损毁，中断行车对铁路运营安全和运营秩序的危害、对旅客公共安全感的影响等。火车实际发生倾覆的危害性很大，应当认定为严重后果，但这并不是本罪法定刑升格的唯一标准。从我国《刑法》分则来看，严重后果通常是致人重伤、死亡或使公私财产遭受重大损失以及使其他重大法益遭受严重损害。铁路运输领域破坏交通设施罪“严重后果”的认定也应参照这一标准。在公共安全法益受到侵害的前提下，应综合考虑较长的中断行车时间、重大的直接经济损失以及人员伤亡来认定严重后果。

第七章　洗钱罪的司法适用问题——汪某洗钱案[①]

一、案情简介

被告人汪某1996年11月12日因犯偷税罪被广州市白云区人民法院判处有期徒刑四年，1998年7月31日被假释，2000年7月5日假释期满。因涉嫌犯洗钱罪，汪某于2003年4月26日被逮捕。

广州市海珠区人民检察院以被告人汪某犯洗钱罪为由，向广州市海珠区人民法院提起公诉。

广州市海珠区人民检察院指控：被告人汪某在明知区某能、区某儿(均另案处理)从事毒品犯罪并想将其违法所得转为合法收益的情况下，仍建议并参与将其毒品犯罪所得资金以投入企业经营的方式转为合法收益的犯罪活动。2002年8月，汪某同区某能、区某儿在本市黄埔区某律师事务所，以区某能、区某儿的毒品犯罪所得港币520万元(折合人民币550万元左右)，购入广州市A木业有限公司的60%股权。后将该公司更名为广州市B木业有限公司，由区某儿任该公司法定代表人，汪某任该公司董事长，以经营木业为名，采用制造亏损账目的手段，掩饰、隐瞒违法所得的来源与性质。被告人汪某的行为触犯了《中华人民共和国刑法》第一百九十一条第(五)项之规定，已构成洗钱罪。被告人汪某曾因犯罪被判处有期徒刑，刑罚执行完毕后五年内再犯罪的，属于累犯，应予从重处罚。

被告人汪某辩称：不知道区某能的投资款是毒资，也不清楚区某儿作虚假报账。其辩护人提出：本案的证据不足，被告人不构成洗钱罪；构成洗钱罪须以被告人对于毒品犯罪的违法所得具有明知为前提，根据被告人的供述，被告人仅仅是基于分析和判断而认为投资款是毒资的，所以不能认定被告人具有主观明知，而且只有被告人的供述也不足以认定被告人犯洗钱罪；如本案有同案人，应属共同犯罪；在其他同案人未被认定的情况下，不能就此认定被告人构成洗钱罪。

广州市海珠区人民法院经公开审理查明：

被告人汪某于2001年年底认识区某儿(另案处理)后，在明知区某儿的弟弟区某能(另案处理)从事毒品犯罪并想将其违法所得转为合法收益的情况下，于2002年8月伙同区某儿、区某能到本市黄埔区某律师事务所，以区某能、区某儿的港币520万元(其中大

① 《刑事审判参考》第286号指导案例。

部分为区某能毒品犯罪所得)，购入广州A木业有限公司60%的股权。被告人汪某协助区某能运送毒资作为股权转让款。在取得公司控股权后，区某儿、区某能安排将该公司更名为广州市B木业有限公司，由区某儿任该公司法定代表人，直接管理财务。被告人汪某挂名出任该公司董事长，除每月领取人民币5000元以上的工资外，区某儿、区某能还送给被告人汪某一辆越野奔驰小汽车。之后，B木业有限公司以经营木业为名，采用制造亏损账目的手段，掩饰、隐瞒其违法所得的来源与性质，意图将区某能的毒品犯罪所得转为合法收益。2003年3月16日，被告人汪某及同案人被公安人员抓获。

上述事实，有下列证据证实：

(1)证人许某豪的证言。主要内容是：汪某于2003年8月协助区某儿、区某能以520万元港币购买他和廖某流占有的广州A木业有限公司60%的股份。

(2)证人廖某流的证言。主要内容是：汪某于2003年8月伙同区某儿、区某能一起在广东某律师事务所以区某儿的名义用520万元港币，购买许某豪和自己占有的广州A木业有限公司60%的股份。

(3)证人麦某伟、麦某荣父子的证言。主要内容是：他们占有广州A木业有限公司40%的股份。汪某于2003年8月协助区某儿、区某能以港币520万元购买许某豪和廖某流占有的广州A木业有限公司60%的股份，后将其改为广州市B木业有限公司，由区某儿操纵公司财务，对公司财政进行控制，汪某任董事长负责全面工作，麦某伟担任总经理负责生产和销售。后他们与区某儿在生产方面发生矛盾，在公证处办理了退股手续，以人民币220万元将40%的公司股份转让给区某儿。

(4)证人陈某华的证言。主要内容是：2003年1月，按照区某能的指示，在广州市滨江东路将50万元港币现金交给了汪某。

(5)证人徐某能的证言。主要内容是：区某能是做贩毒生意的，他与区某能一起带了300多万元港币从香港到广州。区某能对他讲过，回广州后用贩毒的钱买下木材厂，是为子女着想。

(6)区某能的供述。主要内容是：广州市B木业有限公司是自己出资300多万元港币，区某儿出资180多万元港币买回来的。该笔钱是自己贩毒赚来的钱，出资是为了转做正当的生意，为儿子及家人以后的出路着想，这方面的情况他曾经对汪某说过。

(7)《股权转让协议书》、营业执照、报账材料等有关书证。证明2002年8月16日区某儿、区某能到广州市黄埔区某律师事务所，以区某儿的名义以港币520万元购得广州A木业有限公司60%的股权。将该公司更名为广州市B木业有限公司，采用制造亏损账目的手段，掩饰、隐瞒其违法所得的来源与性质。

(8)汪某在公安机关的供述。主要内容是：他听说区某能过去是做毒品生意的，区某能也曾经和他说过，这次是为今后的出路着想，做正当的生意。

(9)作案现场和赃物照片证实，汪某协助区某能运送部分毒品所得作为转让款的情况和汪某在广州市B木业有限公司挂名出任该公司董事长经营木业的情况，以及区某儿、区某能送给汪某一辆奔驰牌小汽车的事实。

上述证据均在法庭上由公诉机关出示，并经控辩双方质证，被告人汪某在公安、检察机关审查阶段亦对上述事实供认不讳，其供述与上述证据能相互印证，上述事实足以认定。

广州市海珠区人民法院认为：

被告人汪某为获得不法利益，明知他人从事毒品犯罪活动，掌握的大量资金可能系毒品犯罪所得，仍积极协助他人以购买股份的形式投资企业经营，并掩饰、隐瞒该项资金的性质及来源，其行为妨害了我国的金融管理秩序，已构成洗钱罪。汪某曾因犯罪被判处有期徒刑，刑罚执行完毕后五年内再犯罪，构成累犯，本应从重处罚，但由于汪某在上述犯罪中实际上起辅助作用，依法应从轻处罚。汪某的辩解及其辩护人的辩护意见因依据不足，不予采纳。依照《中华人民共和国刑法》第一百九十一条第（五）项、第六十五条、第二十七条之规定，判决如下：被告人汪某犯洗钱罪，判处有期徒刑一年六个月，并处罚金人民币 275000 元；没收被告人汪某的违法所得奔驰牌小汽车一辆。

一审宣判后，被告人在法定期限内没有提出上诉，判决已发生法律效力。

二、案例分析

（一）罪名指南

1. 法律规定

我国《刑法》第一百九十一条规定：“为掩饰、隐瞒毒品犯罪、黑社会性质的组织犯罪、恐怖活动犯罪、走私犯罪、贪污贿赂犯罪、破坏金融管理秩序犯罪、金融诈骗犯罪的所得及其产生的收益的来源和性质，有下列行为之一的，没收实施以上犯罪的所得及其产生的收益，处五年以下有期徒刑或者拘役，并处或者单处罚金；情节严重的，处五年以上十年以下有期徒刑，并处罚金：

（一）提供资金账户的；

（二）将财产转换为现金、金融票据、有价证券的；

（三）通过转账或者其他支付结算方式转移资金的；

（四）跨境转移资产的；

（五）以其他方法掩饰、隐瞒犯罪所得及其收益的来源和性质的。

单位犯前款罪的，对单位判处罚金，并对其直接负责的主管人员和其他直接责任人员，依照前款的规定处罚。”

2. 概念

洗钱罪，是指明知是毒品犯罪、黑社会性质的组织犯罪、贪污贿赂犯罪、恐怖活动犯罪、走私犯罪、破坏金融管理秩序犯罪、金融诈骗犯罪的违法所得及其收益，为掩饰、隐瞒其来源和性质，通过存入金融机构、投资或者上市流通等手段使非法所得合法化的行为。

洗钱手段包括：提供资金账户的；协助将财产转换为现金、金融票据、有价证券的；通过转账或者其他支付结算方式转移资金的；跨境转移资产的；以其他方法掩饰、隐瞒犯罪所得及其收益的来源和性质的。

3. 犯罪构成

(1)本罪侵犯的客体是复杂客体，即其既侵犯了金融秩序，又侵犯了社会经济管理秩序，还侵犯了国家正常的金融管理活动及外汇管理的相关规定。

(2)本罪的客观方面表现为：一是提供资金账户。这是赃款在金融领域内流转的第一个环节，赃款持有人先在金融机构开立一个账户，然后才将该赃款汇出境外或开出票据以供使用。行为人将"上游犯罪"分子的犯罪所得及其收益存入自己在金融机构拥有的账户，或者将自己的账户提供给犯罪分子使用，或者是为有关的犯罪分子开立新的账户，让其将赃款存入金融机构。该账户往往掩盖了赃款持有人的真实身份，具体手法是为赃款持有人提供帮助，为其在金融机构开立合法账户或开立假账户。通过上述行为，使赃款与赃款持有人在形式上分离，使司法机关难以追查赃款的去向。根据《金融机构反洗钱规定》，金融机构主要包括：银行类金融机构，包括政策性银行、国有独资商业银行、股份制商业银行、城市商业银行和农村商业银行；信用合作社，包括城市信用合作社及其联社和农村信用合作社及其联社；邮政储汇机构；非银行类机构，包括企业集团财务公司、信托投资公司和金融租赁公司；外资金融机构，主要包括外资独资银行、中外合资银行、外国银行分行和外资独资财务公司、合资财务公司等外资非银行类金融机构。

二是协助将财产转为现金或者金融票据。既包括将实物转换为现金或金融票据，也包括将现金转换为金融票据或者将金融票据转换成现金，还包括将此种现金如人民币转换为彼种现金如美元，将此种金融票据如外国金融机构出具的票据转换为彼种金融票据如中国金融机构出具的票据。

三是通过转账或者其他支付结算方式转移资金。也就是将非法资金混杂于合法的现金中，凭借银行支票或其他方法使这笔资金以合法的形式出现，以便用来开办公司、企业，从而使得非法资金具有流动性并获得利润。

四是跨境转移资产。将国内的赃款迅速转移至境外的一些"保密银行"是赃款持有人经常采用的方式之一。而在我国，资金的境内外之间流动是在国家的监控之下，尤其是资金调往境外更不是一般的公民或企业所能办到的。所以一些享有将资金调往境外权利的公民、企业，只要其为赃款调往境外提供帮助，即可构成本罪。

五是以其他方法掩饰、隐瞒犯罪所得及其收益的来源和性质。这主要是指：通过典当、租赁、买卖、投资、拍卖、购买金融产品等方式，转移、转换犯罪所得及其收益的；通过与商场、饭店、娱乐场所等现金密集型场所的经营收入相混合的方式，转移、转换犯罪所得及其收益的；通过虚构交易、虚设债权债务、虚假担保、虚报收入等方式，转移、转换犯罪所得及其收益的；通过买卖彩票、奖券、储值卡、黄金等贵金属等方式，转换犯罪所得及其收益的；通过赌博方式，将犯罪所得及其收益转换为赌博收益的；通过"虚拟资产"交易、金融资产兑换等方式，转移、转换犯罪所得及其收益的；以其他方式转移、转换犯罪所得及其收益的。

(3)本罪的犯罪主体是一般主体，包括年满十六周岁、具有刑事责任能力的自然人和单位。

(4)本罪在主观方面表现为故意，即行为人明知自己的行为是在为犯罪违法所得掩饰、隐瞒其来源和性质，为利益而故意为之，并希望这种结果发生。

(二)洗钱罪与掩饰、隐瞒犯罪所得、犯罪所得收益罪的界限

《刑法》第三百一十二条规定的掩饰、隐瞒犯罪所得、犯罪所得收益罪，与第一百九十一条规定的洗钱罪，两者都属于连累犯的范畴，即行为人明知是犯罪分子的违法所得，仍事后给予了犯罪分子某种帮助，因此，两者存在着很大的联系。但是，从具体犯罪构成要件而言，两者也存在以下几方面的区别：

(1)侵犯的客体不同。洗钱罪侵犯的是双重客体，其中主要客体是金融管理秩序，从而该罪被归类在"破坏社会主义市场经济秩序罪"；掩饰、隐瞒犯罪所得、犯罪所得收益罪侵犯的是单一客体，即社会管理秩序。

(2)行为的对象不同。洗钱罪的行为对象特指毒品犯罪、黑社会性质的组织犯罪、恐怖活动犯罪、走私犯罪、贪污贿赂犯罪、破坏金融管理秩序犯罪、金融诈骗犯罪的违法所得及其产生的收益；掩饰、隐瞒犯罪所得、犯罪所得收益罪的行为对象泛指一切犯罪所得赃物。

(3)行为方式不同。洗钱罪是通过存入金融机构、投资或者上市流通等金融手段使非法所得收入合法化，也就是所谓的"金融化"的方式；掩饰、隐瞒犯罪所得、犯罪所得收益罪则包括窝藏、转移、收购、代为销售或者以其他方法掩饰、隐瞒的行为，从列举的行为方式上看，基本上是常见的手段，而非像"洗钱罪"那样隐蔽和高智商化。

(三)洗钱罪与窝藏、转移、隐瞒毒赃罪的界限

洗钱罪与隐瞒毒赃罪的根本区别在于前者所隐瞒的系毒赃的非法性质和来源，后者所隐瞒的系毒赃本身。被告人汪某协助实施的投资及虚构经营亏损等活动，意在将毒赃的非法性质和来源予以合法化，究其行为实质而言，属于洗钱，而非隐瞒毒赃。

根据《刑法》第三百四十九条规定，窝藏、转移、隐瞒毒赃罪是指为犯罪分子窝藏、转移、隐瞒毒品犯罪所得财物的行为。关于洗钱罪与窝藏、转移、隐瞒毒赃罪的界限，实践中把握住以下三个方面即可以得到区分：第一，犯罪对象方面，洗钱行为所指向的对象是包括毒品犯罪在内的四类上游犯罪所得及其收益的非法性质和来源，故不一定直接涉及财物本身；而后者主要是针对毒品犯罪所得的财物而言的，故财物本身为其直接对象。或者说，前者不一定要求对作为犯罪所得或者收益的财物形成物理上的控制，而后者必须使该财物处于行为人的支配、控制范围或者状态之下。第二，行为方式方面，前者表现为将上游犯罪所得及收益通过金融机构等，采用提供资金账户、协助转移财产、转移资金、把资金汇往境外等方法使其具有表面合法化的性质；后者主要是通过改变赃物的空间位置或者存在状态对赃物进行隐匿或者转移，使侦查司法机关不能或者难以发现，或者妨害司法机关对赃物的追缴，此类行为并无改变赃物非法性质之作用，不具有使之表面合法化的特征。就具体行为方式而言，前者远较后者复杂。第三，主观目的方面，前者的目的是掩饰黑钱的非法来源和性质，使黑钱合法化，此种目的同时也决定了洗钱行为人并不必然要对赃物加以物理上的隐藏，洗钱行为中所表现出的财物就其存在状态而言仍可能具有一定的

公开性；而后者的主观目的是逃避司法机关的侦查、追缴，力图藏匿财物，使他人不知该财物的存在，因而后者财物的存在状态具有秘密性。

在本案中，尽管存在被告人汪某协助区某能运送毒赃的行为，但其真实的主观目的并非转移毒赃的空间场所或者隐瞒财物的存在状态，而是通过进一步的投资及虚构经营亏损等活动，对毒赃进行清洗，将其非法性质予以合法化，被告人汪某的行为在本质上属于掩饰、隐瞒毒赃的非法性质和来源，而非仅仅对毒赃进行物理上的隐匿或者转移，结合前述对其主观明知的分析认定，故判决认定被告人汪某构成洗钱罪，具有充分的事实和法律依据。

(四)洗钱罪与包庇毒品犯罪分子罪的界限

包庇毒品犯罪分子罪是指行为人明知是走私、贩卖、运输、制造毒品的犯罪分子，而向司法机关作虚假证明，或者帮助其毁灭罪证，掩盖其罪行以使其逃避法律制裁的行为。两罪的共同之处在于，都明知是毒品犯罪人或毒品犯罪所得，而实施一系列掩盖犯罪的行为。其主要区别是：(1)从两罪的作案方法上看，洗钱罪是对犯罪所得通过金融机构中转或者其他方式，使毒品犯罪、黑社会性质的组织犯罪、恐怖活动犯罪、走私犯罪、贪污贿赂犯罪、破坏金融管理秩序犯罪、金融诈骗犯罪所得的资金“合法化”，掩饰、隐瞒赃款的性质和来源；而包庇毒品犯罪分子罪是通过向司法机关作虚假证明，或者帮助犯罪分子毁灭罪证，掩盖其罪行，以使其逃避法律制裁。(2)从犯罪客体上看，两罪侵犯的客体不尽相同。洗钱罪主要是破坏国家的金融管理秩序，而后者妨害的主要是社会管理秩序。(3)从行为对象上看，洗钱罪的犯罪对象主要是犯罪所得的赃款，而包庇毒品犯罪分子罪的犯罪对象既有赃款，也包括赃物和犯罪分子本人。

(五)洗钱罪与窝藏、包庇罪的界限

窝藏、包庇罪是指明知是犯罪的人而为其提供隐藏处所、财物，帮助其逃匿或者作假证明包庇的行为。两罪都是在明知犯罪人或者犯罪所得的情况下，以掩饰、隐瞒犯罪为目的，实施掩盖犯罪的一系列行为。所不同的是：(1)从作案方式上看，洗钱罪是通过金融机构中转或者其他方式，使毒品犯罪、黑社会性质的组织犯罪、恐怖活动犯罪、走私犯罪、贪污贿赂犯罪、破坏金融管理秩序犯罪、金融诈骗犯罪所得的资金“合法化”，掩盖和隐瞒赃款的性质和来源；窝藏、包庇罪是为毒品犯罪、黑社会性质的组织犯罪、恐怖活动犯罪、走私犯罪、贪污贿赂犯罪、破坏金融管理秩序犯罪、金融诈骗犯罪的犯罪分子提供隐藏处所、财物，帮助其逃匿或者作假证明包庇的行为。(2)从犯罪对象上看，洗钱罪主要是通过金融机构实施，其行为对象是犯罪所得；窝藏、包庇罪的对象是犯罪的人。(3)犯罪客体也有区别，洗钱罪侵犯的客体是国家关于金融活动的管理秩序、社会管理秩序以及司法机关查处犯罪的正常活动，且主要是破坏了国家的金融管理秩序；而窝藏、包庇罪侵犯的客体是司法机关对罪犯的刑事追诉和刑罚执行活动。

(六)洗钱罪与伪证罪的界限

由于洗钱罪在行为手段上具有“掩饰、隐瞒”性质，因此洗钱罪与伪证罪之间具有许

多相似之处。在这种情况下，如果行为人洗钱的行为尚未被发现，当司法机关向其收集“上游犯罪”分子的罪证时，行为人故意提供虚假的证言，证明犯罪分子的违法所得系正当收入，则行为人构成伪证罪的同时也构成洗钱罪，因为后者并不以向司法机关隐瞒为必要；但如果行为人实施的洗钱行为已被司法机关查出，准备或者已经以洗钱罪追究刑事责任，在侦查、审理过程中，行为人提供的虚假的证明材料，证明自己的行为是他人的正当所得，对之则应以洗钱罪一罪处理。两罪的区别在于：(1)犯罪的客体不完全相同，洗钱罪侵犯的客体是复杂客体，即国家关于金融活动的管理秩序、社会管理秩序以及司法机关查处犯罪的正常活动，而伪证罪侵犯的客体是单一客体，即司法机关的正常活动。(2)犯罪主体不同，洗钱罪的主体是一般主体，包括自然人和单位，伪证罪的主体是特殊主体，必须是案件审理过程中的证人、鉴定人、记录人、翻译人员，单位不能成为伪证罪的主体。(3)犯罪目的和行为内容不同，洗钱罪的犯罪目的和行为内容在于掩饰、隐瞒“上游犯罪”违法所得及其收益的性质和来源，而伪证罪的犯罪目的是意图陷害他人或隐匿罪证，其行为表现为在刑事诉讼中就与案件有重要关系的情节作虚假的证明、鉴定、记录、翻译。

(七)如何理解和认定洗钱罪的主观明知要件

洗钱罪的明知不以确知为限，既可以是确定性认识，也可以是可能性认识。被告人汪某对于本案所涉资金系毒赃存在可能性认识，应认定其主观明知。

根据《刑法》第一百九十一条及《中华人民共和国刑法修正案(三)》第七条的规定，洗钱罪的构成需以行为人对作为洗钱对象的毒品犯罪、黑社会性质的组织犯罪、恐怖活动犯罪、走私犯罪(以下称“四类上游犯罪”)的违法所得及其产生的收益具有主观明知为要件。可见，主观明知是成立洗钱罪的一个前提条件。应当说，对于洗钱罪中明知要件的理解，理论界和实务界在其对象内容及程度要求上均存在一定的分歧。比如，在明知的对象内容方面，就存在一切犯罪所得及收益、概括的四类上游犯罪所得及收益、具体的四类上游犯罪所得及收益等不同意见；在明知的程度方面，也存在确定性认识、可能性认识等不同意见。对此，我们认为应当结合我国洗钱罪的刑事立法及刑法一般理论来加以理解和把握。具体言之，对于洗钱罪中明知的对象内容，行为人对属于四类犯罪的违法所得及其产生的收益具有概括性认识即告充足。首先，这是由我国刑事立法的特点决定的，不同于将是否属于特定的上游犯罪所得作为客观要件，以认识到系非法所得为主观要件的国外一些立法例，我国刑事立法对洗钱罪的明知对象作出了清楚的表述，在现有的立法框架内不存在将明知的对象扩大至所有犯罪所得的理解空间。其次，将明知对象内容严格限定为四类上游犯罪中的具体类别犯罪的违法所得及其产生的收益，与我国《刑法》关于认识错误的一般理论不符。行为人在四类上游犯罪的范围内将此类犯罪所得及收益误认为彼类犯罪所得，因两者在法律性质上是一致的，不属于对犯罪构成要件对象的认识错误，故不应影响案件的定性。相反，如行为人将四类上游犯罪所得及收益误认为系其他犯罪所得及收益的，因存在法定构成要件的认识错误，则不应以洗钱罪定罪处罚。最后，对于明知的程度，我们认为，明知不等于确知，尽管确定性认识和可能性认识存在程度上的差异，但两者都应被纳入明知的范畴。只要证明行为人在当时确实知道或者根据事实足可推定行为人对于所经手的财产系四类上游犯罪所得的赃款的可能性有所认识，都可认定为明知。同时应注意避免以应当知道的证明取代对于可能性明知的证明，后者属于实然层面的心理状态，前者属于应然层面的注意义务，两者不可混为一谈。至于明知的具体认定，应当根据行为人所接触、接收的信息，经手他人犯罪所得及其收益的情况，犯罪所得及其收益的种类、数额，犯罪所得及其收益的转移、转换方式，交易行为、资金账户等异常情况，结合行为人职业经历、与上游犯罪人员之间的关系以及其供述和辩解，同案人指证和证人证言等情况综合审查判断，有证据证明行为人确实不知道的除外。将《刑法》第一百九十一条规定的某一上游犯罪的犯罪所得及其收益，认定为该条规定的上游犯罪范围内的其他犯罪所得及其收益的，不影响“知道或者应当知道”的认定。

在本案中，主观方面，被告人汪某明知区某儿的弟弟区某能从事毒品犯罪，基于自己的分析和判断，其主观上对二区的投资款系毒资的可能性具有一定认识；客观方面，区某能、区某儿一次性支付港币 520 万元股权转让款，数额巨大且全部为现金支付，无偿赠予其越野奔驰高档小汽车一辆，结合被告人汪某曾因犯偷税罪被判处有期徒刑四年的前科，故认定其对 520 万元股权转让款属于毒品犯罪所得具有主观明知，是符合客观实际的。

(八)如何界定洗钱罪构成主体的范围

洗钱罪与其上游犯罪的主体是否同一？或者说，洗钱罪的主体是否包括上游犯罪行为人在内？对此，理论界存在肯定说和否定说两种不同主张。根据《中华人民共和国刑法修正案(十一)》第十四条以及 2024 年 8 月 19 日最高人民法院、最高人民检察院联合发布的《关于办理洗钱刑事案件适用法律若干问题的解释》第一条规定，为掩饰、隐瞒本人实施《刑法》第一百九十一条规定的上游犯罪的所得及其产生的收益的来源和性质，实施该条第一款规定的洗钱行为的，依照《刑法》第一百九十一条的规定定罪处罚。我们认为，我国刑事立法已经将“自洗钱”纳入了洗钱罪的打击范围，而针对自洗钱行为如何定罪处罚仍然是司法实践中的一大难题，理论界和实务界有不同的观点和做法。在制定司法解释过程中，曾就“自洗钱”入罪的例外情形以及“自洗钱”犯罪与上游犯罪数罪并罚的问题作出规定，但由于各方面意见分歧比较大，未能达成共识，最终没有在司法解释中作出规定，留待司法实践继续研究。

对于“自洗钱”行为，什么情况构成犯罪，哪些情形依法数罪并罚，情况非常复杂，而且影响面大，不能一概而论，要具体情况具体分析，区分不同情形审慎确定。在司法实践中，要注意掌握以下几个原则：

一是主客观相一致原则。认定“自洗钱”犯罪，行为人必须具有洗钱的故意和实施洗钱的行为，否则不能认定。对于上游犯罪的自然延伸行为，不属于单独的洗钱行为，不具有刑事可罚性，不能认定为洗钱罪。比如，实施上游犯罪后，自然持有犯罪所得，没有实施洗钱行为的，不能认定为洗钱罪；“自窝藏”行为，也不构成洗钱罪。

二是禁止重复评价原则。对同一犯罪构成事实不能在同一层面作重复评价。对于属于上游犯罪行为的一部分或者与上游犯罪行为存在交叉的洗钱行为，不能作重复评价。比如，上游犯罪行为人提供资金账户接收上游犯罪所得的行为，属于上游犯罪行为的一部分，不能认定为洗钱罪。又比如，提供资金账户，实施走私犯罪，又用同一资金账户实施洗钱的，洗钱行为与上游犯罪行为存在交叉，在这种情况下，不宜对提供资金账户行为作重复评价，不能单独认定自洗钱犯罪并与上游犯罪实行数罪并罚。

三是罪责刑相适应原则。对“自洗钱”行为定罪处罚，不但要考虑“自洗钱”行为是否构成犯罪，也要考虑数罪并罚所判处的刑罚是否符合罪责刑相适应，还要考虑洗钱刑事案件对刑法体系、司法实践造成的影响。对于一些没有争议的“自洗钱”行为，比如，上游犯罪行为人通过地下钱庄以跨境转移资产的方式洗钱的，应依法数罪并罚；对于一些争议比较大的行为，要慎重入刑。

第八章 非法经营罪的司法适用问题
——王某军非法经营案①

一、案情简介

被告人王某军，住巴彦淖尔市临河区，农民。因涉嫌犯非法经营罪于2015年3月27日被巴彦淖尔市临河区公安局刑事拘留，同年3月31日被取保候审。

内蒙古自治区巴彦淖尔市临河区人民检察院以被告人王某军犯非法经营罪，向巴彦淖尔市临河区人民法院提起公诉。

巴彦淖尔市临河区人民检察院指控：2014年11月4日至2015年3月11日，被告人王某军未办理粮食收购许可证、未经工商行政管理机关核准登记并颁发营业执照，擅自在巴彦淖尔市临河区白脑包镇附近村组，无证照经营违法收购玉米，非法经营数额218288.6元，将所收购的玉米卖给某粮油公司某分库，非法获利6000元。案发后，被告人王某军主动到公安机关投案自首，如实供述自己的犯罪事实。案发后，退缴非法获利6000元。

辩护人辩护意见：被告人王某军有自首情节，收购的玉米卖给了正规渠道，获利数额较小，提出对被告人从轻处罚的请求。

巴彦淖尔市临河区人民法院经公开审理查明：2014年11月13日至2015年1月20日期间，被告人王某军未办理粮食收购许可证、未经工商行政管理机关核准登记颁发营业执照，擅自在巴彦淖尔市临河区白脑包镇附近村组无证照经营违法收购玉米，非法经营数额218288.6元，将所收购的玉米卖给某粮油公司某分库，非法获利6000元。案发后，被告人王某军主动退缴非法获利6000元。2015年3月27日，被告人王某军主动到巴彦淖尔市临河区公安局经侦大队投案自首。

认定上述事实的证据有：巴彦淖尔市临河区工商行政管理局涉嫌犯罪案件移送书和受案登记表，银行资金往来明细，玉米收购结算记账单据，粮食局和工商管理机关的证明，公安机关出具的归案情况，证人证言，被告人王某军的供述及上缴非法所得的缴款书等。

巴彦淖尔市临河区人民法院于2016年4月15日作出(2016)内0802刑初54号刑事判决，认为：被告人王某军违反国家法律、行政法规规定，未经粮食主管部门许可及工商行

---

① (2017)内08刑再1号。

政管理机关核准登记颁发营业执照，非法收购玉米，非法经营数额 218288.6 元，数额较大，其行为构成非法经营罪。鉴于被告人王某军案发后主动到公安机关投案自首，主动退缴全部违法所得，有悔罪表现，对其适用缓刑确实不致再危害社会，且不会对所在社区产生重大不良影响，决定对被告人王某军依法从轻处罚并适用缓刑。根据《中华人民共和国刑法》第二百二十五条第一款第(四)项、第七十二条第一款、第七十三条第二款、第三款、第五十二条、第五十三条之规定，判决：被告人王某军犯非法经营罪，判处有期徒刑一年，缓刑二年，并处罚金人民币 2 万元；被告人王某军退缴的非法获利款人民币 6000 元，由侦查机关上缴国库。

一审宣判后，被告人王某军未上诉，检察机关未抗诉，判决发生法律效力。

最高人民法院于 2016 年 12 月 16 日作出(2016)最高法刑监 6 号再审决定，指令内蒙古自治区巴彦淖尔市中级人民法院对本案进行再审。

再审中，原审被告人王某军及检辩双方对原审判决认定的事实无异议，再审查明的事实与原审判决认定的事实一致。内蒙古自治区巴彦淖尔市人民检察院提出，原审被告人王某军的行为虽具有行政违法性，但不具有与《刑法》第二百二十五条规定的非法经营行为相当的社会危害性和刑事处罚必要性，不构成非法经营罪，建议再审依法改判。原审被告人王某军在庭审中对原审认定的事实及证据无异议，但认为其行为不构成非法经营罪。辩护人提出，原审被告人王某军无证收购玉米的行为，不具有社会危害性、刑事违法性和应受惩罚性，不符合刑法规定的非法经营罪的构成要件，也不符合刑法谦抑性原则，应宣告原审被告人王某军无罪。

巴彦淖尔市中级人民法院再审认为，原判决认定的原审被告人王某军于 2014 年 11 月至 2015 年 1 月期间，没有办理粮食收购许可证及工商营业执照买卖玉米的事实清楚，其行为违反了当时的国家粮食流通管理有关规定，但尚未达到严重扰乱市场秩序的危害程度，不具备与《刑法》第二百二十五条规定的非法经营罪相当的社会危害性和刑事处罚的必要性，不构成非法经营罪。原审判决认定王某军构成非法经营罪适用法律错误，检察机关提出的王某军无证照买卖玉米的行为不构成非法经营罪的意见成立，原审被告人王某军及其辩护人提出的王某军的行为不构成犯罪的意见成立。经审判委员会决定，依照《中华人民共和国刑事诉讼法》第二百四十五条第一款、第一百九十五条第(二)项、《最高人民法院关于适用〈中华人民共和国刑事诉讼法〉的解释》第三百八十九条第一款第(三)项之规定，巴彦淖尔市中级人民法院于 2017 年 2 月 14 日作出(2017)内 08 刑再 1 号刑事判决：撤销内蒙古自治区巴彦淖尔市临河区人民法院(2016)内 0802 刑初 54 号刑事判决。原审被告人王某军无罪。

二、案例分析

(一)罪名指南

1. 法律规定

我国《刑法》第二百二十五条规定，“违反国家规定，有下列非法经营行为之一，扰乱市场秩序，情节严重的，处五年以下有期徒刑或者拘役，并处或者单处违法所得一倍以上五倍以下罚金；情节特别严重的，处五年以上有期徒刑，并处违法所得一倍以上五倍以下罚金或者没收财产：

(一)未经许可经营法律、行政法规规定的专营、专卖物品或者其他限制买卖的物品的；

(二)买卖进出口许可证、进出口原产地证明以及其他法律、行政法规规定的经营许可证或者批准文件的；

(三)未经国家有关主管部门批准非法经营证券、期货、保险业务的，或者非法从事资金支付结算业务的；

(四)其他严重扰乱市场秩序的非法经营行为"。

第二百三十一条规定，"单位犯本节第二百二十一条至第二百三十条规定之罪的，对单位判处罚金，并对其直接负责的主管人员和其他直接责任人员，依照本节各该条的规定处罚"。

2. 概念

非法经营罪，是指违反国家规定，故意从事非法经营活动，扰乱市场秩序，情节严重的行为。

3. 犯罪构成

(1)本罪侵犯的客体为国家的市场交易管理秩序。

(2)本罪的客观方面表现为违反国家规定从事经营活动，扰乱市场秩序，且情节严重。

第一，违反国家规定。根据2011年最高人民法院《关于准确理解和适用刑法中"国家规定"的有关问题的通知》(以下简称《通知》)第一条，"国家规定"指全国人民代表大会及其常务委员会制定的法律和决定，国务院制定的行政法规、规定的行政措施、发布的决定和命令，其中"国务院规定的行政措施"应当由国务院决定，通常以行政法规或者国务院制发文件的形式加以规定，以国务院办公厅名义制发的文件，符合以下条件的，亦应视为《刑法》中的"国家规定"：有明确的法律依据或者与相关行政法规不相抵触；经国务院常务会议讨论通过或者经国务院批准；在国务院公报上公开发布。

第二，行为人非法从事经营活动，扰乱市场秩序，包括以下几种行为：

一是未经许可经营法律、行政法规规定的专营、专卖物品或者其他限制买卖的物品。"未经许可"，是指未经国家有关主管部门批准；"法律、行政法规规定的专营、专卖的物品"，是指由法律、行政法规明确规定的由专门的机构经营的专营、专卖的物品，如食盐、烟草等。"其他限制买卖的物品"，是指国家根据经济发展和维护国家、社会和人民群众利益的需要，规定在一定时期实行限制性经营的物品，如化肥、农药等。专营、专卖物品和限制买卖的物品的范围，不是固定不变的，随着社会主义市场经济的发展，根据法律、行政法规的规定，其范围可以出现变化。

二是买卖进出口许可证、进出口原产地证明以及其他法律、行政法规规定的经营许可证或者批准文件。其中，“进出口许可证”是国家外贸主管部门对企业颁发的可以从事进出口业务的确认资格的文件。“进出口原产地证明”是从事进出口经营活动中，由法律规定的，进出口产品时必须附带的由原产地有关主管机关出具的证明文件。为维护市场经济有序和规范发展，国家对某些生产经营活动实行许可证管理制度或审批管理制度，这里“其他法律、行政法规规定的经营许可证或者批准文件”，指的是法律、行政法规规定的所有的经营许可证或者批准文件，如林木采伐、矿产开采、野生动物狩猎许可证等。

三是未经国家有关主管部门批准，非法经营证券、期货、保险业务的，或者非法从事资金支付结算业务。“非法经营证券、期货业务”，主要是指以下几种行为：未经有关主管部门批准，擅自开展证券或者期货经纪业务；从事证券、期货咨询性业务的证券、期货咨询公司、投资服务公司擅自超越经营范围从事证券、期货业务等。“非法经营保险业务”，主要是指以下几种行为：未经授权从事保险代理业务；保险经纪人超越经营范围从事保险业务等。“非法从事资金支付结算业务”是针对非法为他人办理大额资金转移、非法套现等资金支付结算业务情节严重的行为所作的规定。支付结算是商业银行的一项最基本的业务。根据《支付结算办法》的规定，银行是支付结算和资金清算的中介机构。未经中国人民银行批准的非银行金融机构和其他单位不得作为中介机构经营支付结算业务。这里的“非法从事资金支付结算业务”，主要是指不具有法定的从事资金支付结算业务的资格，非法为他人办理资金支付结算业务和外币兑换的行为，如为他人非法提供境内资金转移、分散提取现金服务等。

四是其他严重扰乱市场秩序的非法经营行为。这是针对现实生活中非法经营犯罪活动的复杂性和多样性所作的概括性规定，这里所说的其他非法经营行为应当具备以下条件：这种行为发生在经营活动中，主要是生产、流通领域；这种行为违反法律、法规的规定；这种行为具有社会危害性，严重扰乱市场经济秩序。

第三，行为的情节严重。关于情节严重的具体标准，最高人民法院、最高人民检察院、公安部在多部司法解释中有规定，其中2022年最高人民检察院、公安部《关于公安机关管辖的刑事案件立案追诉标准的规定(二)》第七十一条作了较为全面的规定。

(3)本罪的主体是一般主体，包括自然人和单位。

(4)本罪主观方面表现为故意，对行为违反国家规定，属于非法经营行为，会扰乱市场秩序有认识而希望或放任。行为人是否明知自己的行为违反国家规定，应结合其所经营的物品、非法提供的证明文件等的性质以及行为人的知识水平、经营经验、是否受过行政处罚等因素进行判断。

4. 非法经营行为规定

根据立法及司法解释，对下列行为应认定为非法经营罪：

(1)根据全国人大常委会《关于惩治骗购外汇、逃汇和非法买卖外汇犯罪的决定》第四条，在国家规定的交易场所以外非法买卖外汇，扰乱市场秩序，情节严重的，以非法经营罪论处(如果属于“非法从事资金支付结算业务”，则适用《刑法》第二百二十五条第(三)项的规定)。

(2)根据1998年12月17日最高人民法院《关于审理非法出版物刑事案件具体应用法

律若干问题的解释》，违反国家规定，出版、印刷、复制、发行严重危害社会秩序和扰乱市场秩序的非法出版物(构成其他较重犯罪的除外)，或者非法从事出版物的出版、印刷、复制、发行业务，严重扰乱市场秩序，情节严重的，以非法经营罪论处。

(3)根据2000年5月12日最高人民法院《关于审理扰乱电信市场管理秩序案件具体应用法律若干问题的解释》、最高人民检察院2002年2月6日《关于非法经营国际或港澳台地区电信业务行为法律适用问题的批复》，违反国家规定，采取租用国际专线、私设转接设备或者其他方法，擅自经营国际电信业务或者涉港澳台电信业务进行营利活动，扰乱电信市场管理秩序，情节严重的，以非法经营罪论处。

(4)根据2002年8月16日最高人民法院、最高人民检察院《关于办理非法生产、销售、使用禁止在饲料和动物饮用水中使用的药品等刑事案件具体应用法律若干问题的解释》，未取得药品生产、经营许可证件和批准文号，非法生产、销售盐酸克仑特罗等禁止在饲料和动物饮用水中使用的药品，扰乱药品市场秩序，情节严重的，依照《刑法》第二百二十五条第(一)项的规定，以非法经营罪论处。在生产、销售的饲料中添加盐酸克仑特罗等禁止在饲料和动物饮用水中使用的药品，或者销售明知是添加有该类药品的饲料，情节严重的，依照《刑法》第二百二十五条第(四)项的规定，以非法经营罪论处。

(5)根据2003年5月14日最高人民法院、最高人民检察院《关于办理妨害预防、控制突发传染病疫情等灾害的刑事案件具体应用法律若干问题的解释》，违反国家在预防、控制突发传染病疫情等灾害期间有关市场经营、价格管理等规定，哄抬物价、牟取暴利，严重扰乱市场秩序，违法所得数额较大或者有其他严重情节的，以非法经营罪定罪，依法从重处罚。

(6)根据2004年7月16日最高人民法院、最高人民检察院、公安部《关于依法开展打击淫秽色情网站专项行动有关工作的通知》，对于违反国家规定，擅自设立互联网上网服务营业场所，或者擅自从事互联网上网服务经营活动，情节严重，构成犯罪的，以非法经营罪论处。

(7)根据2005年5月11日最高人民法院、最高人民检察院《关于办理赌博刑事案件具体应用法律若干问题的解释》，未经国家批准擅自发行、销售彩票，构成犯罪的，依照《刑法》第二百二十五条第(四)项的规定，以非法经营罪论处。

(8)根据2008年1月2日最高人民法院、最高人民检察院、公安部、中国证券监督管理委员会《关于整治非法证券活动有关问题的通知》，对于中介机构非法代理买卖非上市公司股票，涉嫌犯罪的，应当以非法经营罪论处，对此应适用《刑法》第二百二十五条第(三)项的规定。

(9)根据2009年12月3日最高人民法院、最高人民检察院《关于办理妨害信用卡管理刑事案件具体应用法律若干问题的解释》，违反国家规定，使用销售点终端机具(POS机)等方法，以虚构交易、虚开价格、现金退货等方式向信用卡持卡人直接支付现金，情节严重的，以非法经营罪定罪处罚。

(10)根据2010年3月2日最高人民法院、最高人民检察院《关于办理非法生产、销售烟草专卖品等刑事案件具体应用法律若干问题的解释》，未经烟草专卖行政主管部门许可，无生产许可证、批发许可证、零售许可证，而生产、批发、零售烟草制品，情节严重的，以非法经营罪定罪处罚，对此应适用《刑法》第二百二十五条第(一)项的规定。

(11)根据 2010 年 12 月 13 日最高人民法院《关于审理非法集资刑事案件具体应用法律若干问题的解释》，违反国家规定，未经依法核准擅自发行基金份额募集基金，情节严重的，以非法经营罪论处。

(12)根据 2012 年 9 月 6 日最高人民法院、最高人民检察院、公安部、国家安全监管总局《关于依法加强对涉嫌犯罪的非法生产经营烟花爆竹行为刑事责任追究的通知》，非法生产、经营烟花爆竹及相关行为构成非法经营罪的，应当依照《刑法》第二百二十五条的规定定罪处罚。

(13)根据 2021 年 12 月 31 日最高人民法院、最高人民检察院《关于办理危害食品安全刑事案件适用法律若干问题的解释》，以提供给他人生产、销售食品为目的，违反国家规定，生产、销售国家禁止用于食品生产、销售的非食品原料，情节严重的，依照《刑法》第二百二十五条的规定以非法经营罪定罪处罚。

违反国家规定，私设生猪屠宰厂(场)，从事生猪屠宰、销售等经营活动，情节严重的，依照《刑法》第二百二十五条的规定以非法经营罪定罪处罚。

(14)根据 2013 年 5 月 21 日最高人民法院、最高人民检察院、公安部、原农业部、原国家食品药品监管总局《关于进一步加强麻黄草管理严厉打击非法买卖麻黄草等违法犯罪活动的通知》，违反国家规定采挖、销售、收购麻黄草，没有证据证明以制造毒品或者走私、非法买卖制毒物品为目的，依照《刑法》第二百二十五条的规定构成犯罪的，以非法经营罪定罪处罚。

(15)根据 2013 年 9 月 6 日最高人民法院、最高人民检察院《关于办理利用信息网络实施诽谤等刑事案件适用法律若干问题的解释》，违反国家规定，以营利为目的，通过信息网络有偿提供删除信息服务，或者明知是虚假信息，通过信息网络有偿提供发布信息等服务，扰乱市场秩序，情节严重的，以非法经营罪定罪处罚。

(16)根据 2014 年 4 月 3 日最高人民法院、最高人民检察院、公安部、国家安全部《关于依法办理非法生产销售使用"伪基站"设备案件的意见》，非法生产、销售"伪基站"设备，情节严重的，以非法经营罪论处。明知他人实施非法生产、销售"伪基站"设备，为其提供资金、场所、技术、设备等帮助的，以共同犯罪论处。

(17)根据 2014 年 3 月 26 日最高人民法院、最高人民检察院、公安部《关于办理利用赌博机开设赌场案件适用法律若干问题的意见》，以提供给他人开设赌场为目的，违反国家规定，非法生产、销售具有退币、退分、退钢珠等赌博功能的电子游戏设施设备或者其专用软件，情节严重的，以非法经营罪论处。

(18)根据 2022 年 3 月 3 日最高人民法院、最高人民检察院《关于办理危害药品安全刑事案件适用法律若干问题的解释》，以提供给他人生产、销售、提供药品为目的，违反国家规定，生产、销售不符合药用要求的原料、辅料，符合《刑法》第一百四十条规定的，以生产、销售伪劣产品罪从重处罚；同时构成其他犯罪的，依照处罚较重的规定定罪处罚。

(19)根据 2015 年 5 月 18 日最高人民法院《全国法院毒品犯罪审判工作座谈会纪要》，行为人出于医疗目的，违反有关药品管理的国家规定，非法贩卖国家规定管制的能够使人形成瘾癖的麻醉药品或者精神药品，扰乱市场秩序，情节严重的，以非法经营罪论处。

(20)根据2023年8月8日最高人民法院、最高人民检察院《关于办理环境污染刑事案件适用法律若干问题的解释》，无危险废物经营许可证从事收集、贮存、利用、处置危险废物经营活动，严重污染环境的，按照污染环境罪定罪处罚；同时构成非法经营罪的，依照处罚较重的规定定罪处罚。

(21)根据2017年6月2日最高人民检察院《关于办理涉互联网金融犯罪案件有关问题座谈会纪要》，未取得支付业务许可从事该业务的行为，违反《非法金融机构和非法金融业务活动取缔办法》第四条第一款第(三)、(四)项的规定，破坏了支付结算业务许可制度，危害支付市场秩序和安全，情节严重的，适用《刑法》第二百二十五条第(三)项，以非法经营罪追究刑事责任，具体情形：一是未取得支付业务许可经营基于客户支付账户的网络支付业务。无证网络支付机构为客户非法开立支付账户，客户先把资金支付到该支付账户，再由无证机构根据订单信息从支付账户平台将资金结算到收款人银行账户。二是未取得支付业务许可经营多用途预付卡业务。无证发卡机构非法发行可跨地区、跨行业、跨法人使用的多用途预付卡，聚集大量的预付卡销售资金，并根据客户订单信息向商户划转结算资金。

(22)根据2019年1月31日最高人民法院、最高人民检察院《关于办理非法从事资金支付结算业务、非法买卖外汇刑事案件适用法律若干问题的解释》，违反国家规定，具有下列情形之一的，属于《刑法》第二百二十五条第三项规定的“非法从事资金支付结算业务”：“(一)使用受理终端或者网络支付接口等方法，以虚构交易、虚开价格、交易退款等非法方式向指定付款方支付货币资金的；(二)非法为他人提供单位银行结算账户套现或者单位银行结算账户转个人账户服务的；(三)非法为他人提供支票套现服务的；(四)其他非法从事资金支付结算业务的情形。”违反国家规定，实施倒买倒卖外汇或者变相买卖外汇等非法买卖外汇行为，扰乱金融市场秩序，情节严重的，依照《刑法》第二百二十五条第(四)项的规定，以非法经营罪定罪处罚。

(23)根据2019年2月20日最高人民法院、最高人民检察院、公安部、司法部、生态环境部《关于办理环境污染刑事案件有关问题座谈会纪要》，有证据证明单位或者个人的无证经营危险废物行为属于危险废物非法经营产业链的一部分，并且已经形成了分工负责、利益均沾、相对固定的犯罪链条，如果行为人或者与其联系紧密的上游或者下游环节具有排放、倾倒、处置危险废物违法造成环境污染的情形，且交易价格明显异常的，对行为人可以根据案件具体情况在污染环境罪和非法经营罪中，择一重罪处断。

(24)根据2019年7月23日最高人民法院、最高人民检察院、公安部、司法部《关于办理非法放贷刑事案件若干问题的意见》，违反国家规定，未经监管部门批准，或者超越经营范围，以营利为目的，经常性地向社会不特定对象发放贷款，扰乱金融市场秩序，情节严重的，依照《刑法》第二百二十五条第(四)项的规定，以非法经营罪定罪处罚。

(25)根据2019年11月18日最高人民法院《关于审理走私、非法经营、非法使用兴奋剂刑事案件适用法律若干问题的解释》，违反国家规定，未经许可经营兴奋剂目录所列物质，涉案物质属于法律、行政法规规定的限制买卖的物品，扰乱市场秩序，情节严重的，应当依照《刑法》第二百二十五条的规定，以非法经营罪定罪处罚。

(26)根据2020年2月6日最高人民法院、最高人民检察院、公安部、司法部《关于依法惩治妨害新型冠状病毒感染肺炎疫情防控违法犯罪的意见》，在疫情防控期间，违反国家有关市场经营、价格管理等规定，囤积居奇，哄抬疫情防控急需的口罩、护目镜、防护服、消毒液等防护用品、药品或者其他涉及民生的物品价格，牟取暴利，违法所得数额较大或者有其他严重情节，严重扰乱市场秩序的，依照《刑法》第二百二十五条第(四)项的规定，以非法经营罪定罪处罚。违反国家规定，非法经营非国家重点保护野生动物及其制品(包括开办交易场所、进行网络销售、加工食品出售等)，扰乱市场秩序，情节严重的，依照《刑法》第二百二十五条第(四)项的规定，以非法经营罪定罪处罚。

(27)根据2020年10月16日最高人民法院、最高人民检察院、公安部《办理跨境赌博犯罪案件若干问题的意见》，为赌博犯罪提供资金、信用卡、资金结算等服务，构成赌博犯罪共犯，同时构成非法经营罪、妨害信用卡管理罪、窃取、收买、非法提供信用卡信息罪、掩饰、隐瞒犯罪所得、犯罪收益罪等罪的，依照处罚较重的规定定罪处罚。

(28)根据2021年12月31日最高人民法院、最高人民检察院《关于办理危害食品安全刑事案件适用法律若干问题的解释》，以提供给他人生产、销售食品为目的，违反国家规定，生产、销售国家禁止用于食品生产、销售的非食品原料，情节严重的，依照《刑法》第二百二十五条的规定以非法经营罪定罪处罚。

违反国家规定，私设生猪屠宰厂(场)，从事生猪屠宰、销售等经营活动，情节严重的，依照《刑法》第二百二十五条的规定以非法经营罪定罪处罚。

根据前述《通知》第三条规定，各级人民法院审理非法经营犯罪案件，要依法严格把握《刑法》第二百二十五条第(四)项的适用范围，对被告人的行为是否属于《刑法》第二百二十五条第(四)项规定的“其他严重扰乱市场秩序的非法经营行为”，有关司法解释未作明确规定的，应当作为法律适用问题，逐级向最高人民法院请示。

(二)如何理解“其他严重扰乱市场秩序的非法经营行为”

非法经营罪包括四类行为：(1)未经许可经营法律、行政法规规定的专营、专卖物品或者其他限制买卖的物品的；(2)买卖进出口许可证、进出口原产地证明以及其他法律、行政法规规定的经营许可证或者批准文件的；(3)未经国家有关主管部门批准非法经营证券、期货、保险业务的，或者非法从事资金支付结算业务的；(4)其他严重扰乱市场秩序的非法经营行为。

本案二审认定，王某军无证买卖玉米的行为违反了当时国家粮食流通管理有关规定，但尚未达到严重扰乱市场秩序的危害程度，不具备与《刑法》第二百二十五条规定的非法经营罪相当的社会危害性和刑事处罚的必要性，不构成非法经营罪。作为指导案例，最高人民法院裁判要点指出：(1)对于《刑法》第二百二十五条第(四)项规定的“其他严重扰乱市场秩序的非法经营行为”的适用，应当根据相关行为是否具有与《刑法》第二百二十五条前三项规定的非法经营行为相当的社会危害性、刑事违法性和刑事处罚必要性进行判断；(2)判断违反行政管理有关规定的经营行为是否构成非法经营罪，应当考虑该经营行为是否属于严重扰乱市场秩序的行为。对于违反行政管理有关规定，但尚未严重扰乱市场秩序的经营行为，不应当认定为非法经营罪。综上，根据二审判决及最高人民法院意见，王某军无证经营玉米收购的行为不属于非法经营罪前三种行为，且因为其收购玉米解决了当地农民卖粮难问题，并没有侵犯粮食生产者的利益，不具有严重扰乱市场经济秩序的性质，不应当认定为非法经营罪。

(三)如何理解非法经营行为

国家为了保障粮食安全，维护粮食流通秩序，促进粮食生产，2004 年由国务院制定了《粮食流通管理条例》。根据 2004 年《粮食流通管理条例》的规定，从事粮食收购、销售等经营活动，必须取得粮食收购许可证，并向工商部门登记办理营业执照。案发时，王某军没有按照《粮食流通管理条例》的规定办理前述“两证”，从事粮食收购销售活动，违反了当时的行政法规。

为使市场在资源配置中起决定作用和更好地发挥政府作用，深入推进“放管服”改革，切实保护粮食生产者、消费者和经营者的合法权益，规范粮食收购市场秩序，2016 年 9 月，也就是本案一审判决后，国家粮食局(现国家粮食和物资储备局)对《粮食收购资格审核管理暂行办法》进行了修订，按照修订后的《粮食收购资格审核管理办法》第三条规定，农民、粮食经纪人、农贸市场粮食交易者等从事粮食收购活动，无需办理粮食收购资格。至此，农民从事粮食收购活动无需再办理粮食收购许可证。

(四)罪责刑相适应原则

“罪责刑相适应(统一)”原则是我国刑法的基本原则之一，是指刑罚的轻重应当与犯罪分子所犯罪行和承担的刑事责任相适应。原审判决认定被告人王某军犯非法经营罪，判处有期徒刑一年，缓刑二年，并处罚金人民币两万元，适用法律确有错误，故再审法院撤销原审判决，宣告原审被告人王某军无罪。“罪责刑相适应原则”是对构成犯罪的被告人适用刑罚时应当坚持的原则，本案原审被告人王某军无罪，不存在违反罪责刑相适应原则。

(五)非法经营罪在实践中的认定问题

本案从一审判刑到二审改判无罪，反映了非法经营罪这一“口袋罪”在司法实践中被扩张适用的现实情况。目前我国司法实践中通行的做法是对违反行政许可的行为直接适用《刑法》第二百二十五条第(四)项的规定，认定为“其他严重扰乱市场秩序”的行为，默认违反行政许可就是违反国家规定，行为只要达到一定数额和标准，就构成非法经营罪。然而，“违反国家规定”实际上是非法经营罪入罪的前置条件，尤其是在兜底式规定立法现状下，应当充分发挥“违反国家规定”这一规范要件对本罪认定的堵截功能。是否所有违反行政许可的行为都属于“违反国家规定”，值得思考与探究。

我国行政许可事项多达数百种，类型包括普通许可、特许、认可、核准和登记。最高人民检察院曾在 2018 年发布规范办理涉民营企业案件执法司法 11 条标准，关于非法经营罪，最高人民检察院强调，对民营企业的经营行为，要严格把握认定标准，坚决防止以未经批准登记代替“违反国家规定”的认定。据此，未经认可、核准、登记并不能被认定为“违反国家规定”。那么，未经普通许可、特许是否都属于“违反国家规定”？根据《中华人民共和国行政许可法》第十二条第(一)项规定，直接涉及国家安全、公共安全、经济宏观调控、生态环境保护以及直接关系人身健康、生命财产安全等特定活动，需要按照法定条件予以批准的事项，应当设定的是普通许可。根据《中华人民共和国行政许可法》第十二条第(二)项规定，有限自然资源开发、公共资源配置以及直接关系公共利益的特定行业的市场准入等，需要赋予特定权利的事项，应当设定的是特殊许可，简称为特许。普通许可的功能在于控制危险，是一种事前监督管理方式，通过设定准入条件，提升某种经济社会活动的安全性；特许的功能在于配置资源，维护国家对某些资源的垄断，达到对资源配置的行政干预。两者在性质和功能上的不同，在认定违反行政许可行为能否构成非法经营罪上应当有所区别。

反观非法经营罪法定的前三种行为，除了第二种“买卖进出口许可证等经营许可证或批准文件行为”外，实际上第一种“未经许可经营法律、行政法规规定的专营、专卖物品或其他限制买卖的物品”，以及第三种“未经国家有关主管部门批准，非法经营证券、期货或者保险业务，或者非法从事资金结算业务”，都属于违反特许的非法经营行为。考虑并列条款的相当性，或许非法经营罪第(四)项“其他严重扰乱市场秩序的非法经营行为”也应当与特许相关联，即只有违反特许的经营行为才可能构成非法经营罪。

第九章　诽谤罪与寻衅滋事罪的司法适用问题
——秦某某诽谤、寻衅滋事案[①]

一、案情简介

被告人秦某某，北京某信息技术有限公司职工，2013 年 9 月 18 日因涉嫌寻衅滋事罪被逮捕。

北京市朝阳区人民检察院指控被告人秦某某犯寻衅滋事罪，于 2013 年 10 月 25 日向北京市朝阳区人民法院提起公诉，后于 2014 年 1 月 17 日变更起诉，指控被告人秦某某犯诽谤罪、寻衅滋事罪。

北京市朝阳区人民检察院指控：

被告人秦某某于 2012 年 12 月至 2013 年 8 月，使用新浪微博账户捏造损害罗某 1、杨某、兰某、张某某等人名誉的事实，在信息网络上散布，引发大量网民转发和负面评论。

被告人秦某某于 2011 年 8 月 20 日，为了自我炒作、引起网络舆论关注、提升个人知名度，使用新浪微博账户编造、散布虚假信息攻击原铁道部，引发大量网民转发和负面评论。

被告人秦某某作案后于 2013 年 8 月 19 日被公安机关抓获归案。

北京市朝阳区人民检察院就上述指控移送了被害人陈述、证人证言、书证及被告人供述等证据，认为被告人秦某某捏造损害他人名誉的事实在信息网络上散布，造成恶劣社会影响，严重危害社会秩序；编造虚假信息在信息网络上散布，起哄闹事，造成公共秩序严重混乱，其行为已构成诽谤罪、寻衅滋事罪。

被告人秦某某对公诉机关的指控未提出异议。其辩护人提出：起诉书指控诽谤杨某、兰某的博文系由秦某某所发布的证据不足；秦某某的行为既不属于捏造、篡改事实并散布，也不属于明知是捏造的事实而散布；本案的诽谤部分不属于公诉案件。起诉书指控涉及攻击原铁道部的博文系由秦某某所发布的证据不足；秦某某的行为不属于编造虚假信息并散布，也不属于明知是编造的虚假信息并散布；认定秦某某的行为造成公共秩序严重混乱的依据不足。即使秦某某的行为构成犯罪，也不应对诽谤和寻衅滋事的事实分别予以法律评价，而应以一罪处理，且其具有认罪悔罪表现，建议对其从轻处罚。

---

① （2013）朝刑初字第 2584 号。

北京市朝阳区人民法院经审理查明诽谤的事实如下：

(1)被告人秦某某明知罗某1系军人，于2013年2月25日使用新浪微博账户捏造"罗某1之兄罗某2在德国西门子公司任职"的事实，无端质疑罗某1及其家人搞"利益交换"，并在信息网络上散布。该信息被转发2500余次，引发大量网民对罗某1的负面评价。

(2)被告人秦某某明知"杨某向希望工程虚假捐赠"系捏造的事实，于2013年7月15日使用新浪微博账户在信息网络上散布。该信息被转发700余次，引发大量网民对杨某的负面评价。

(3)被告人秦某某在信息网络上看到了"兰某(男，35岁)被老女人包养"的不实信息后，将上述信息篡改为"兰某被老女人周某某包养"，并于2013年7月至8月间使用新浪微博账户多次在信息网络上散布。该信息累计被转发900余次，引发大量网民对兰某的负面评价。

(4)被告人秦某某于2012年11月27日，使用新浪微博账户，捏造"张某某具有德国国籍"的事实。后经网友举报，新浪公司判定上述信息为不实信息。张某某亦于2012年11月28日通过微博发布澄清声明。秦某某又于2012年12月31日使用新浪微博账户再次发布有关上述信息的博文，在短时间内被转发20余次，引发网民对张某某的负面评价。

寻衅滋事的事实如下：

2011年7月23日，甬温铁路浙江省温州市相关路段发生特别重大铁路交通事故(即"7·23"甬温线动车事故)。在事故善后处理期间，被告人秦某某为了利用热点事件进行自我炒作，提高网络关注度，于2011年8月20日使用新浪微博账户编造并散布虚假信息，称原铁道部向"7·23"甬温线动车事故中外籍遇难旅客支付3000万欧元的高额赔偿金。该微博被转发11000次，评论3300余次，引发大量网民对国家机关公信力的质疑，原铁道部被迫于当夜辟谣。被告人秦某某的行为对事故善后工作的开展造成了不良影响。

经审理，北京市朝阳区人民法院认为，关于辩护人所提被告人秦某某主观上不明知系虚假信息，客观上亦未实施捏造、编造虚假信息的行为的辩护意见。经查，被告人秦某某在信息网络上所发布的涉案微博内容或无中生有，为秦某某本人捏造、编造；或虚假信息所涉及内容有一定来源，但经秦某某进行实质性的篡改后，以原创的方式发布；或虚假信息虽曾在信息网络上流传，但已经由涉案被害人澄清，秦某某仍然增添内容在信息网络上予以散布。秦某某作为网络从业人员，对所发信息的真实性不仅没有尽到基本的核实义务，反而一贯捏造、编造虚假事实，足以证明其主观上明知涉案信息的虚假性。秦某某客观上亦实施了捏造、编造虚假信息的行为，故对该辩护意见不予采纳。

关于辩护人所提本案涉诽谤事实不属于公诉案件，部分被害人未主动要求司法机关予以追究，公诉机关适用公诉程序追究被告人秦某某诽谤罪刑事责任法律依据不足的辩护意见。经查，根据《中华人民共和国刑法》第二百四十六条规定，诽谤他人，情节严重的，构成诽谤罪；严重危害社会秩序和国家利益的，应适用公诉程序。根据《最高人民法院、最高人民检察院关于办理利用信息网络实施诽谤等刑事案件适用法律若干问题的解释》第二条、第四条的规定，同一诽谤信息被转发次数达到五百次以上的，应当认定为上述刑法条款规定的"情节严重"；一年内多次实施利用信息网络诽谤他人行为未经处理，诽谤信息实际被转发次数累计计算构成犯罪的，应当依法定罪处罚。同时，该司法解释第三条规定，具有诽谤多人，造成恶劣社会影响等情形的，应当认定为上述刑法条款规定的“严重危害社会秩序和国家利益”。本案中，秦某某利用信息网络，分别诽谤罗某1、杨某、兰某、张某某四名公民，其中关于罗某1、杨某、兰某等三人的诽谤信息被转发次数均达到500次以上，应当被认定为“情节严重”；关于张某某的诽谤信息被转发次数虽然未达到500次，但根据该司法解释第四条的规定，秦某某系在一年内分别诽谤罗某1、杨某、兰某、张某某等四人，应对上述诽谤信息的被转发次数累计计算。据此，秦某某诽谤罗某1、杨某、兰某、张某某的行为构成诽谤罪，且系诽谤多人并造成了恶劣的社会影响，应当适用公诉程序追究秦某某所犯诽谤罪的刑事责任。故对该辩护意见不予采纳。

关于辩护人所提被告人秦某某发布原铁道部在“7·23”甬温线动车事故中天价赔偿外籍乘客的虚假信息不足以造成公共秩序严重混乱，公诉机关指控该起行为构成寻衅滋事罪的依据不足的辩护意见。经查，“7·23”甬温线动车事故为特别重大铁路交通事故，全民关注，秦某某在该事故善后处理期间，编造政府机关天价赔偿外籍乘客的信息并在网络上散布，起哄闹事，该虚假信息被转发11000次，评论3300余次，不仅造成网络空间的混乱，也在现实社会引发不明真相群众的不满，扰乱了政府机关的善后工作。秦某某的该起行为足以认定为造成公共秩序严重混乱，符合寻衅滋事罪的构成要件。故对该辩护意见不予采纳。

关于辩护人所提被告人秦某某发布涉案微博的主观故意和客观行为并无不同，对其以诽谤罪、寻衅滋事罪实行数罪并罚，将使被告人的同一行为两次承担罪责的辩护意见。经查，诽谤罪、寻衅滋事罪两罪的犯罪构成不同，诽谤罪侵犯的客体是公民的人格和名誉，寻衅滋事罪侵犯的客体是社会秩序，两罪的行为特征不同。本案中，秦某某捏造损害罗某1、杨某、兰某、张某某等公民人格、名誉的事实，在信息网络上散布，其行为符合诽谤罪的犯罪构成；而秦某某在“7·23”甬温线动车事故发生后，编造政府机关天价赔偿外籍乘客的虚假信息，在信息网络上散布，起哄闹事，造成了社会公共秩序的严重混乱，其行为符合寻衅滋事罪的犯罪构成。公诉机关根据不同性质的案件事实，分别认定为诽谤罪、寻衅滋事罪，定性准确。故对该辩护意见不予采纳。

北京市朝阳区人民法院认为，被告人秦某某无视法律规定，在信息网络上捏造事实诽谤他人，情节严重，且系诽谤多人，造成恶劣社会影响，其行为构成诽谤罪；秦某某在重大突发事件期间，在信息网络上捏造、散布对国家机关产生不良影响的虚假信息，起哄闹事，造成公共秩序严重混乱，其行为还构成寻衅滋事罪，依法应予数罪并罚。北京市朝阳区人民检察院指控秦某某犯诽谤罪、寻衅滋事罪的事实清楚，证据确凿、充分，指控的罪名成立。秦某某在较长时间段内在信息网络上多次肆意实施违法犯罪行为，根据其所犯诽谤罪、寻衅滋事罪的事实、性质、情节和社会危害程度，本应对其酌情从重处罚，但鉴于秦某某归案后能够如实供述所犯罪行，认罪悔罪态度较好，可以对其从轻处罚。据此，依照《中华人民共和国刑法》第二百四十六条、第二百九十三条第一款第四项、第六十七条第三款、第六十一条、第六十九条第一款以及《最高人民法院、最高人民检察院关于办理利用信息网络实施诽谤等刑事案件适用法律若干问题的解释》第一条、第二条、第三条、第四条、第五条第二款之规定，北京市朝阳区人民法院以被告人秦某某犯诽谤罪，判处有期徒刑二年；犯寻衅滋事罪，判处有期徒刑一年六个月；决定执行有期徒刑三年。

一审宣判后，被告人秦某某未提起上诉，公诉机关亦未抗诉，该判决已发生法律效力。

二、案例分析

(一)罪名指南

诽谤罪

1. 法律规定

我国《刑法》第二百四十六条规定，“以暴力或者其他方法公然侮辱他人或者捏造事实诽谤他人，情节严重的，处三年以下有期徒刑、拘役、管制或者剥夺政治权利。前款罪，告诉的才处理，但是严重危害社会秩序和国家利益的除外。

通过信息网络实施第一款规定的行为，被害人向人民法院告诉，但提供证据确有困难的，人民法院可以要求公安机关提供协助”。

2. 概念

诽谤罪，是指捏造并公开散布某种虚构的事实，损害他人人格与名誉，情节严重的行为。

3. 犯罪构成

(1)本罪侵犯的客体为他人的人格尊严和名誉权。

(2)本罪的客观方面表现为捏造并公开散布某种虚构的事实，损害他人人格与名誉，情节严重的行为。

(3)本罪的主体是一般主体，即已满16周岁，具有刑事责任能力的自然人。

(4)本罪的主观方面表现为故意，并且具有损害他人人格、名誉的目的。

4. 诽谤行为规定

散布捏造的事实，足以败坏他人名誉。单纯地捏造事实不是本罪的实行行为，散布捏造的事实，才是诽谤罪的实行行为。诽谤罪有两种情形：(1)捏造事实+公然传播；(2)明知是捏造的事实而故意传播。

寻衅滋事罪

1. 法律规定

我国《刑法》第二百九十三条规定，“有下列寻衅滋事行为之一，破坏社会秩序的，处五年以下有期徒刑、拘役或者管制：

(一)随意殴打他人，情节恶劣的；
(二)追逐、拦截、辱骂、恐吓他人，情节恶劣的；
(三)强拿硬要或者任意损毁、占用公私财物，情节严重的；
(四)在公共场所起哄闹事，造成公共场所秩序严重混乱的。

纠集他人多次实施前款行为，严重破坏社会秩序的，处五年以上十年以下有期徒刑，可以并处罚金”。

2. 概念

寻衅滋事罪，是指行为人为寻求刺激、发泄情绪、逞强耍横等，无事生非，进行扰乱破坏，情节恶劣的行为。

3. 犯罪构成

(1)本罪侵犯的客体是复杂客体，既侵犯了社会公共秩序，也侵犯了他人的人身权、财产权等。

(2)本罪的客观方面表现为无事生非，进行扰乱破坏，情节恶劣的行为：
①随意殴打他人，情节恶劣的；
②追逐、拦截、辱骂、恐吓他人，情节恶劣的；
③强拿硬要或者任意损毁、占用公私财物，情节严重的；
④在公共场所起哄闹事，造成公共场所秩序严重混乱的。

(3)本罪的主体是一般主体，即已满16周岁，具有刑事责任能力的自然人。

(4)本罪主观方面表现为故意，具有寻求精神刺激或者发泄情绪等动机。

(二)利用信息网络实施诽谤犯罪的司法认定

根据《刑法》第二百四十六条的规定，捏造事实诽谤他人，情节严重的，构成诽谤罪；诽谤罪告诉的才处理，但是严重危害社会秩序和国家利益的除外。2013年9月颁布实施的《最高人民法院、最高人民检察院关于办理利用信息网络实施诽谤等刑事案件适用法律若干问题的解释》(以下简称《解释》)，对利用信息网络实施诽谤的司法认定作了明确界定。

1. 关于“捏造事实诽谤他人”的认定

《解释》第一条对“捏造事实诽谤他人”的规定进行了类型化，具体包括“捏造并散布”“篡改并散布”“明知虚假事实而散布”三种行为方式。“捏造并散布”是最典型的诽谤行为方式，是指捏造损害他人名誉的事实，并在信息网络上散布，或者组织、指使人员在信息网络上散布。“篡改并散布”是指将原始信息修改为损害他人名誉的事实，并在信息网络上散布，或者组织、指使人员在信息网络上散布。所谓“篡改”指“实质性的修改”，一般包括歪曲、放大等情形，而且篡改后的内容达到了损害他人名誉的程度。“明知虚假事实而散布”是指明知是捏造的损害他人名誉的事实，在信息网络上散布，情节恶劣的行为。与前两类行为方式针对造谣者、信息源头不同，第三类行为方式针对的是利用信息来达到个人诽谤目的的恶意传谣者。实践中，对此类行为，要准确把握行为人的主观明知。明知包括“知道”和“应当知道”两种情形。“知道”意味着诽谤信息的散布者对于其他人捏造的诽谤被害人名誉的事实确切知道。“应当知道”即根据证据推定行为人知道，必须依据各方面的证据材料，综合行为人的身份、职业、生活经历、一贯表现等多方面的因素，全面分析，综合评判。当前，广大网民转发网络信息的情况非常普遍，其中可能有不实信息或者诽谤信息，在认定“明知”时应当特别慎重，必须严格把握，不能过高要求普通网民履行对所转发信息真实性的审查义务。但对于行为人有特定身份，根据法律法规延伸出特定义务的情形，比如新闻从业人员对所发消息的真实性没有尽到审查义务，短期内大量发布诽谤不同自然人的信息，就可以认定其具有诽谤的主观明知。

本案中，秦某某在信息网络上看到罗某 1 之兄罗某 2 在西门公司任职信息后，捏造罗某 2 在德国西门子公司任职的事实，无端质疑罗某 1 及其家人搞“利益交换关系”并在信息网络上散布；在信息网络上看到张某某在德国小住的文章后，捏造张某某具有德国国籍的事实并在信息网络上散布，均系无中生有，属于“捏造并散布”的行为。秦某某在信息网络上看到“兰某被老女人包养”的不实信息后，在此类信息中加入了周某某的姓名并在信息网络上散布，使得原始信息更具有针对性和欺骗性，已构成对原始信息的实质性修改，属于“篡改并散布”的行为。秦某某作为网络从业人员，对所发信息的真实性负有基本的核实义务。虽然杨某向希望工程虚假捐款的不实信息曾在互联网上流传，但在杨某及中国青少年发展基金会作出澄清的情况下，被告人秦某某不仅没有尽到基本的核实义务，反而继续捏造虚假事实并散布，足以证明其主观上明知涉案信息的虚假性，属于“明知虚假事实而散布”。

2. 关于“情节严重”的认定

《解释》采用列举的方式，从“诽谤信息数量”“危害后果”“主观恶性”三方面对“情节严重”加以具体化。根据“诽谤信息数量”标准，“同一诽谤信息实际被点击、浏览次数达到五千次以上，或者被转发次数达到五百次以上的”“一年内多次实施利用信息网络诽谤他人行为未经处理，诽谤信息实际被转发次数累计计算构成犯罪的”；根据“危害后果”标准，“造成被害人或者其近亲属精神失常、自残、自杀等严重后果的”；根据“主观恶性”标准，“二年内曾因诽谤受到行政处罚，又诽谤他人的”，均应当认定为诽谤行为情节严重。

3. 关于“严重危害社会秩序和国家利益”的认定

诽谤罪除“严重危害社会秩序和国家利益的”情形外，属于告诉才处理的案件。《解释》列举了七种“严重危害社会秩序和国家利益”的情形，分别为：引发群体性事件的；引发公共秩序混乱的；引发民族、宗教冲突的；诽谤多人，造成恶劣社会影响的；损害国家形象，严重危害国家利益的；造成恶劣国际影响的；其他严重危害社会秩序和国家利益的情形。2023 年 9 月 20 日，最高人民法院、最高人民检察院、公安部发布的《关于依法惩治网络暴力违法犯罪的指导意见》中列举了五项“严重危害社会秩序”的情形，分别为：造成被害人或者其近亲属精神失常、自杀等严重后果，社会影响恶劣的；随意以普通公众为侵害对象，相关信息在网络上大范围传播，引发大量低俗、恶意评论，严重破坏网络秩序，社会影响恶劣的；侮辱、诽谤多人或者多次散布侮辱、诽谤信息，社会影响恶劣的；组织、指使人员在多个网络平台大量散布侮辱、诽谤信息，社会影响恶劣的；其他严重危害社会秩序的情形。

本案适用公诉程序，援引的是“诽谤多人，造成恶劣社会影响”的条款，但对“诽谤多人，造成恶劣社会影响”的具体含义存在争议。一种意见认为，诽谤多人，造成恶劣社会影响的前提是诽谤每一人的行为均构成诽谤罪，才能适用公诉程序。本案中诽谤张某某的信息只被转发25次，不属于“情节严重”的情形，社会危害程度较轻，缺乏自诉转公诉的必要。另一种意见认为，诽谤多人并不要求诽谤每一人的行为均要达到定罪标准。秦某某利用信息网络分别诽谤罗某1、杨某、兰某、张某某四名公民，其中关于罗某1、杨某、兰某三人的诽谤信息被转发次数均达到500次以上，应当认定为“情节严重”。虽然关于张某某的诽谤信息被转发次数未达到500次，但根据《解释》第四条“一年内多次实施利用信息网络诽谤他人行为未经处理，诽谤信息实际被转发次数累计计算构成犯罪的，应当依法定罪处罚”的规定，秦某某在一年内分别诽谤罗某1、杨某、兰某、张某某四人，应对上述诽谤信息的被转发次数进行累计计算。据此，秦某某诽谤罗某1、杨某、兰某、张某某的行为构成诽谤罪，且系诽谤多人并造成了恶劣的社会影响，应当适用公诉程序追究秦某某所犯诽谤罪的刑事责任。

显然，本案公诉机关、审判机关均同意后一种意见。理由如下：

第一，诽谤罪的定罪标准与公诉标准虽有一定的联系，但二者所承担的法律功能不同，具有不同的内涵。定罪标准解决的是某行为是否构成犯罪的问题，公诉标准解决的是某行为能否按照公诉案件处理的问题。从逻辑结构上看，适用公诉程序追究被告人刑事责任的前提是其行为构成了诽谤罪，即要达到定罪标准。如果行为人的诽谤行为尚不构成犯罪，自然不能适用公诉程序。但是，诽谤多人作为公诉案件的适用标准，应整体考量，即诽谤多人的行为整体上达到定罪标准即可，并不要求诽谤每一人的行为均单独构成诽谤罪。

第二，关于诽谤多人、多次的理解。考虑到《解释》第二条、第三条、第四条的体例，诽谤多人、多次并没有作为“情节严重”的认定标准，而是增加规定了第四条，即一年内多次实施利用信息网络诽谤他人行为未经处理，诽谤信息实际被转发次数累计计算构成犯罪的，应当依法定罪处罚。根据《解释》的制定原意，第四条中的“诽谤他人”针对的主要是诽谤不同的人、不同的诽谤信息，当然也包括诽谤同一人、同一诽谤信息的情形。本案属于前一种情形，即诽谤多人，应当按照诽谤信息的数量进行累计计算。

第三，被害人对网络诽谤事实往往难以取证，提起自诉较为困难。对于行为人利用网络连续诽谤多人，造成恶劣社会影响的案件，让多个受害人分别提起自诉，不切合实际。而且此类网络诽谤行为的社会危害性和行为的主观恶性较大，适用公诉程序能有效打击犯罪，保护公民的人格、名誉权。

（三）利用信息网络实施寻衅滋事犯罪的司法认定

我国《刑法》第二百九十三条规定的寻衅滋事罪的行为表现为：随意殴打他人，情节恶劣的；追逐、拦截、辱骂、恐吓他人，情节恶劣的；强拿硬要或者任意损毁、占用公私财物，情节严重的；在公共场所起哄闹事，造成公共场所秩序严重混乱的。在信息网络普及之前，“在公共场所起哄闹事”一般是指在某一对公众开放、供不特定人或多数人自由出入的场所起哄闹事，扰乱该公共场所秩序，或者使该公共场所的相关活动不能顺利进行，即危害行为实施地与危害后果发生地，在空间位置上是一致的，一般不会发生在甲公共场所起哄闹事，造成乙公共场所秩序严重混乱的情况。但是，随着信息网络迅速发展并逐渐与人们的现实生活融为一体，其“工具属性”“公共属性”凸显。人们将网络平台作为沟通交流的场所，逐步导致网上表达、沟通交流与网下人员聚集的分离，使借助信息网络实施寻衅滋事的行为方式日益呈现出不同于刑法所规定的寻衅滋事行为类型的特点。基于现实情况，《解释》第五条第二款规定：“编造虚假信息，或者明知是编造的虚假信息，在信息网络上散布，或者组织、指使人员在信息网络上散布，起哄闹事，造成公共秩序严重混乱的，依照刑法第二百九十三条第一款第(四)项的规定，以寻衅滋事罪定罪处罚。”由此可见，起哄闹事的行为实施地已不限于现实的公共场所，而是包括网络空间在内的所有公共空间。该解释既符合现实的需要，也不会扩大打击面。因为不论借助信息网络起哄闹事还是在现实的公共场所起哄闹事，只有“造成公共秩序严重混乱的”，才具有刑法规制的意义。公共秩序严重混乱是一个较为抽象的概念，在具体适用时应加以具体化。网络空间是现实社会的组成部分，但在认定犯罪后果时，必须考虑两者之间并非一一对应的关系和信息网络的特点，不能仅以造成网络秩序严重混乱为由，或者仅依据虚假信息被转发次数、被浏览次数就认定为造成了公共秩序严重混乱，从而以寻衅滋事罪定罪处罚。造成公共秩序严重混乱应解释为造成了现实社会生活秩序的严重混乱，尽管这种危害后果不一定发生在车站、码头、机场、商场等现实场所，但行为人所造成的现实的危害后果，应达到相当的程度。例如，行为人利用信息网络散布地震谣言，导致多地大量群众外出“避难”；散布核泄漏谣言，导致大范围的“抢盐”。上述危害后果明显严重扰乱了生产、生活、工作、营业等社会公共秩序，与寻衅滋事罪有关危害后果的立法本意相符，但又不宜概括为造成某一具体公共场所秩序混乱，而用“公共秩序混乱”则能较好解释该问题。应当注意的是，为保持《解释》与刑法条文规定内涵的一致性，需根据刑法立法本意对《解释》的规定作限制性理解。对于虚假信息被及时、有效删除，未被大量转发、评论等，尚未造成广泛影响的，或者仅仅是对网络秩序造成了影响，不宜认定为“造成公共秩序严重混乱”。

本案中，“7·23”甬温线动车事故为特别重大铁路交通事故，全民关注，秦某某在该事故善后处理期间，编造政府机关天价赔偿外籍乘客的信息并在网络上散布，起哄闹事，该虚假信息被转发11000次，评论3300余次，不仅造成网络空间的混乱，也在现实社会引发不明真相群众的不满，扰乱了政府机关的善后工作。因此，秦某某的行为可以认定为造成公共秩序严重混乱，符合寻衅滋事罪的构成要件。

(四)利用信息网络实施的诽谤罪与寻衅滋事罪的界分

本案发生后，对于如何定性存在不同意见。有意见认为，应当将全案认定为寻衅滋事罪一罪。主要理由是：(1)秦某某编造虚假信息在网络上散布，目的是自我炒作，其通过随意攻击名人和有关单位的手段，扰乱民心，谋取关注，主观心态、行为方式具有内在一致性。秦某某具有诽谤杨某等公民的事实，但诽谤的目的不明显。(2)秦某某攻击的对象是不特定的社会名人、单位并涉及有关国家机关、公共单位的公信力，如秦某某编造虚假信息，在"7·23"甬温线动车事故中造成了网民对原铁道部的质疑；诽谤张某某，张某某代表残联；诽谤罗某1，罗某1代表军队机关；诽谤杨某，同时攻击了希望工程等。《解释》实际上已将网络空间解释为公共场所，对网络秩序的损害也可以视为现实社会危害。秦某某的上述行为扰乱了社会公共秩序，构成寻衅滋事罪。秦某某利用网络谣言攻击、诽谤杨某等人，同时构成寻衅滋事罪、诽谤罪，属于想象竞合，应当择一重罪认定为寻衅滋事罪。

公诉机关、审判机关均认为应当认定为诽谤罪、寻衅滋事罪，数罪并罚。主要理由如下：

第一，秦某某的行为分别符合诽谤罪与寻衅滋事罪的构成要件。根据《刑法》第二百四十六条和第二百九十三条的规定，捏造事实诽谤他人，情节严重的，构成诽谤罪；实施在公共场所起哄闹事，造成公共场所秩序严重混乱等寻衅滋事行为，破坏社会秩序的，构成寻衅滋事罪。从犯罪客体来看，诽谤罪侵犯的客体是公民的人格和名誉，寻衅滋事罪侵犯的客体是社会秩序。从罪状及行为特征来看，寻衅滋事罪规定的"在公共场所起哄闹事，造成公共场所秩序严重混乱"，通常是指行为人的起哄闹事行为扰乱了某一具体公共场所秩序，或者使该公共场所的相关活动不能顺利进行。本案中，被告人秦某某捏造损害杨某等公民人格、名誉的事实，在信息网络上被广泛散布，其行为构成诽谤罪；在"7·23"甬温线动车事故发生后，编造政府机关天价赔偿外籍乘客的虚假信息，在信息网络上散布，起哄闹事，该虚假信息被转发11000次，评论3300余次，造成网络空间的混乱，同时在现实社会引发不明真相群众的不满，扰乱了政府机关善后工作，造成社会公共秩序严重混乱，其行为构成寻衅滋事罪。

第二，将秦某某的行为认定为诽谤罪、寻衅滋事罪两罪，符合《解释》的原意。《解释》最初起草时是为了规范利用信息网络实施的诽谤罪的认定问题，后来增加了利用信息网络实施的寻衅滋事罪、敲诈勒索罪、非法经营犯罪的相关条款。由于寻衅滋事罪是从1979年刑法规定的流氓罪这一"口袋罪"中分解出来的罪名，《解释》在制定有关利用信息网络实施的寻衅滋事罪条款时特别审慎。根据《解释》在制定时的原意，利用信息网络实施的诽谤罪的对象是特定的自然人，而寻衅滋事罪一般针对的是单位、不特定的多人或者公共事件。如果将利用信息网络诽谤特定自然人的事实，也以破坏网络秩序为由纳入寻衅滋事罪，则易使寻衅滋事罪演变为"口袋罪"，与罪刑法定基本原则相悖。故要区别对待，不宜一概认定为寻衅滋事罪。

第三，对诽谤杨某等公民的事实以诽谤罪起诉、审理，可以依法保障被害人的附带民事诉讼权利。同时，通过审判，也可以有效恢复被害人的人格、名誉。

综上，将本案不同性质的犯罪事实，分别认定为诽谤罪、寻衅滋事罪，定性准确，符合刑法规定的犯罪构成和《解释》的制定原意。

第十章　侵占罪与盗窃罪的司法认定——梁某拾金案

一、案情简介

梁某拾金案发生后引起了媒体和法律界的强烈关注。该案最基本的情况是，深圳机场女清洁工梁某将一乘客装有价值近300万元的黄金首饰的箱子“捡”走，开始被认为涉嫌盗窃罪，几经反复后最终被认定为侵占罪。在罪名变更的同时，梁某自身也经历了由逮捕到取保候审再到撤销取保候审恢复人身自由的过程。与近年来出现的其他热点案件一样，这样一个看似简单的案件，在媒体、民众、律师以及知名学者的多番评价和议论中也出现了不同的结论。这些结论概括起来主要有以下三种：一是盗窃罪。即认为梁某的行为构成了我国《刑法》中的盗窃罪，应当以盗窃罪追究其刑事责任。梁某如果被以盗窃罪提起公诉，那么按照法律规定，该案涉案金额特别巨大，梁某将有可能面临最低刑为有期徒刑十年、最高刑为无期徒刑的刑事处罚；二是侵占罪。即认为梁某的行为不符合盗窃罪的构成要件，而应当是侵占罪；三是无罪论。即认为梁某的行为既不符合盗窃罪的构成要件，也不符合侵占罪的构成要件，他们认为这仅属于道德调整的范畴，最多构成民法上的不当得利问题，远不需要通过刑法手段加以处理。

本章将对梁某拾金案进行分析，结合检察机关公布的案件事实和民间版本的事实进行对比分析，探讨梁某所触犯的罪名。

在对梁某拾金案展开分析之前，有必要先对梁某案的基本案情有所了解。笔者认为梁某案可以归结为多个巧合偶然交织而共同催生的，也是一桩难以被复制的个案。一方面，如此贵重的黄金首饰被遗忘在人流量巨大的机场，失主的粗心大意为一奇；另一方面，从梁某清早发现纸箱到中午下班拿回住处至少长达5个小时，倘若失主在此5小时内出现，可能就不会出现梁某将纸箱拿回家的情节；当天下午快下班时梁某听同事说失主出现，而神速的警察当晚就赶到梁某家中将其逮捕，假若有一个缓冲期，梁某可能在警察找上门前就已经将失物上缴了。倘若将失主出现的时间或警察出现的时间稍微作调整，没准还会成就一桩机场清洁工拾金不昧的美谈。鉴于当前社会各界针对梁某案的争议颇多，加之该案作为特例又具有深远的样本意义，不论是在社会道德层面还是法学理论层面，都蕴藏着丰富的理论、实践价值，因此，关于梁某行为之定性问题的评析仍是必要而有意义的。根据对相关的资料进行搜集和归纳，社会上关于梁某案的案情主要形成了以下两种不同的版本。

第一个是官方版本。这个版本下的案情是：根据被害人陈述、相关证人证言和现场监控视频显示，案发当时，王某在深圳机场候机楼 19 号柜台办理行李托运手续，将放有黄金首饰的纸箱子的手推车停放在 19 号柜台前 1 米的黄线处，当时纸箱的位置与最近的垃圾桶尚有约 11 米的距离。手推车旁边没有别人。当被告知办理贵重物品需要去 10 号柜台咨询时，王某便单独去 10 号柜台。王某离开 19 号柜台约 30 秒，梁某发现了 19 号柜台前 1 米处的行李手推车，其后 30 秒，梁某查看了纸箱并将纸箱搬离 19 号柜台。从王某离开到梁某拿走纸箱的整个过程约 1 分钟。王某约 4 分钟后返回，发现纸箱不见，随即向公安机关报警。案发当天 18 时许，民警在梁某家中对其进行盘问遭到否认，直至民警发现梁某家中床下的纸箱后，梁某才被迫承认并交出了纸箱。但尚有 136.49 克黄金首饰去向不明。经鉴定，纸箱内黄金首饰价值近 300 万元。

第二个是民间版本。这个版本的大致案情为：案发当天，深圳机场女清洁工梁某像往常一样在机场候机大厅打扫卫生。当她第一次走到 19 号登机柜台时，看到垃圾桶附近有两个女乘客带着一个小孩在嗑瓜子，她们中间有一辆行李车，车上放着一个类似方便面箱的小纸箱。过了五六分钟，两位旅客急急忙忙地跑进了安检门。梁某第二次来到 19 号柜台垃圾箱旁，看到那个小纸箱还在行李车上，以为是她们丢弃的，左右看看也没有人，就顺手把小纸箱当作丢弃物清理到清洁车里，随后告诉同事可能是个电瓶，委托他将纸箱先放在残疾人洗手间内，如果有人认领就还给人家。当晚同事告知梁某失主已报警，梁某答应第二天上班时交上去。当天傍晚 6 时许，两个人来到梁某家问她是否捡到一个纸箱，梁某确认他们是真警察后，就主动从床下拿出那个纸箱交给他们。

官方版本给我们展示的案件事实是：深圳机场一女清洁工梁某在候机厅打扫卫生时看到登机柜台处有一个纸箱放在行李推车上，于是将该纸箱拿走，纸箱内装有价值近 300 万元的黄金首饰。在警方对其盘问并发现其家床下的纸箱时，梁某被迫承认并交出纸箱。

而民间版本试图向我们传达的则是，机场女清洁工梁某在候机厅打扫卫生时看见垃圾桶旁边有一辆行李车，以为箱子是乘客扔下的，于是将行李车上的纸箱捡走，但她以为纸箱里装的是个电瓶，告知同事并委托同事保管，后来听说失主报警，就主动将纸箱交出。

很显然，尽管这两个版本叙述的是同一个事实，但是由此得出的结论却完全不一样。如果完全按照官方版本，梁某的行为涉嫌我国刑法中的盗窃罪，面临严厉的刑事处罚，而根据民间版本，梁某的行为不仅不涉嫌犯罪，甚至连一般违法都难以构成。根据该案件后续发展，检察机关在将案件两次退回公安机关补充侦查后，因证据不足，检察院向梁某通报其不构成盗窃罪，解除取保候审措施，决定不提起公诉。虽然检察院认为此案更符合侵占罪的构成特征，并将案件发回公安机关，但是无疑官方所报道的案件事实证据存在一定的问题，面临证据不足的情况，因此在梁某案中，我们要依据主客观相统一的原则，结合被害人陈述、相关证人证言和现场监控视频显示等多种证据对案件事实进行分析。

二、案例分析

(一)犯罪与非罪的界分

本案中，行为人不构成犯罪。

根据我国《刑法》的相关规定，犯罪是指严重危害我国社会，触犯《刑法》并应受到刑罚处罚的行为，应当具备以下三个特征：其一，犯罪是危害社会的行为，即具有相当程度的社会危害性。这是犯罪具有决定意义的特征，是犯罪的实质内容。其二，犯罪是触犯刑律的行为，即具有刑事违法性。这是社会危害性的法律表现，是犯罪与一般违法行为相区别的重要特征之一。其三，犯罪是应受刑罚处罚的行为，即具有应受惩罚性。这是犯罪前两个特征解决社会危害性和刑事违法性问题的必然法律后果，也是犯罪行为区别于其他违法行为的重要特征之一。

很多网友说梁某案和许某盗窃案有相似之处，许某就因其主观恶意不深，社会危害性不大而得到了“重罪轻判”，由最初的无期徒刑改判为有期徒刑5年。① 结合本案，梁某的行为不构成犯罪，其行为不符合刑法规定的犯罪构成要件，即梁某的行为并不具有严重的社会危害性。根据生活经验，机场经常会有一些乘客因东西不能携带上飞机而丢弃不要，清洁工捡走这些东西是很平常并且可以理解的事情。不管是官方版本还是民间版本所陈述的案件事实，梁某捡走这个纸箱时周围并无人，不论是遗失物还是遗弃物，梁某将这个纸箱捡走时并未打开，并不知道里面装的是价值近300万元的黄金，可能认为是不值钱的电瓶或者其他物品，主观方面对该物品并没有占有的想法，而财产型犯罪要求主观方面是故意，过失无法构成该类犯罪，梁某并没有盗窃或者侵占的故意，根据主客观相统一的原则，无法构成财产型犯罪。根据民间版本的案件事实，梁某将该箱子捡走后还把此事告诉了同事并说“明天交”，后主动将纸箱交给警察。从案件发生的环境、梁某和同事交谈此事的言语和积极配合警方的行为，以及社会各界对该案的态度，也能够作出初步判断：梁某仅仅是贪图小便宜，拿走了自以为是他人遗忘或丢弃的东西，这样的行为的确具有一定的社会危害性，但是这种社会危害性达不到“严重”的程度。《刑法》第十三条的“但书”规定，“但是情节显著轻微危害不大的，不认为是犯罪”。那么，既然梁某的行为不符合犯罪的基本特征，自然也就谈不上构成犯罪。

再者，近年刑法学研究者越来越重视期待可能性对行为性质的影响，这一点在本案中也有所体现。所谓期待可能性，是指从实施行为时的外部情况来看，可以期待行为人不实施违反刑事义务的行为。这种意义上的期待可能性是刑事归责的要素之一，缺乏这一要素，就仍然不能谴责行为人。期待可能性是为实现具体的正义而提出的，其目的是把那些不幸陷入某种具体恶劣境况中的行为人从责任的追究中解救出来，是为了法律上对人类普遍的脆弱人性表示尊敬，因此应当以具体行为人的状况为标准来判断期待可能性的有无。运用这一理论能更好地支持梁某行为非罪的观点，梁某出于职业习惯将机场行李车上的箱子拿走，之后一直没去查看箱子里面到底装的何物，这便足以证明她根本没有非法占有的意思，后来发现箱子里的巨额黄金。一个生活在社会底层的清洁工，突然得到天价黄金，其震惊可想而知。存在侥幸心理也是人之常情，后来听说失主报案，梁某决定第二天上班将黄金上交，这已经是做了一个“正常人”或者说是一个合法公民应该做的事情了。在这种情况下，我们所能期待梁某作出的拾金不昧选择在实际生活中达到这个程度，已为她行为的合法性奠定了良好基础。

---

① （2008）穗中法刑二重字第2号。

(二)盗窃罪与非罪的界分

《刑法》第二百六十四条规定："盗窃公私财物，数额较大的，或者多次盗窃、入户盗窃、携带凶器盗窃、扒窃的，处三年以下有期徒刑、拘役或者管制，并处或者单处罚金；数额巨大或者有其他严重情节的，处三年以上十年以下有期徒刑，并处罚金；数额特别巨大或者有其他特别严重情节的，处十年以上有期徒刑或者无期徒刑，并处罚金或者没收财产。"根据《最高人民法院、最高人民检察院关于办理盗窃刑事案件适用法律若干问题的解释》第一条的规定，"盗窃公私财物价值一千元至三千元以上、三万元至十万元以上、三十万元至五十万元以上的，应当分别认定为刑法第二百六十四条规定的'数额较大''数额巨大''数额特别巨大'"。因为黄金价值近300万元，属于"数额特别巨大"一类，梁某如果真的以盗窃罪定罪，会被处十年以上有期徒刑或者无期徒刑，这个刑罚相对于梁某的案件过于严重，违反群众的道德伦理观念，结合案件性质分析，也很明显有不合理之处。

盗窃罪，是指以非法占有为目的，秘密窃取公私财物，数额较大，或者多次盗窃、入户盗窃、携带凶器盗窃、扒窃公私财物的行为。本罪的构成特征是：第一，本罪侵犯的客体是公私财产所有权。第二，本罪在客观方面一般表现为以秘密窃取的方法，将公私财物转移到自己的控制之下，并非法占有的行为。第三，本罪的主体是一般主体，即年满16周岁，具有刑事责任能力的自然人。第四，本罪的主观方面是直接故意，即明知是他人或者单位所有或者持有的财物，以非法占有为目的，实施窃取财物的行为。

关于梁某拾金的行为是否构成盗窃罪的问题，不同的学者持有不同的观点，持肯定观点的论者提出以下几点理由：第一，行为对象即纸箱并非遗忘物。由于案发地点在机场B候机楼出发大厅内，失主将物品放置在行李推车上，而不是"在垃圾桶旁边"，这个纸箱是失主的暂放物，其失主仅仅是离开一段距离询问相关事宜，纸箱不是遗忘物。① 第二，行为人具有非法占有的目的明显。梁某作为机场工作人员，明确地意识到涉案物品不是垃圾，而是他人有价值的物品，在涉案物品暂时无人看管的情况下，仍将其带走，且事后在明知或应该知道盗窃后果的情况下，仍未返还，其非法占有的故意明显。第三，行为人有秘密窃取的行为。盗窃罪中的秘密窃取仅指行为人的心理状态，而非指行为人以外的"众人"不知晓，梁某的行为符合用秘密手段窃取财物的盗窃罪本质，应该构成盗窃罪。而持否定观点的学者认为，梁某没有使用"秘密窃取"的方式拿走这些金饰。这些金饰装在纸箱内，放在候机大厅，这是一个公共场所而非私人空间，而其主人离开一段距离，时间也有好几分钟，这个纸箱应属于"遗忘物"，梁某拿走这个纸箱并非"秘密窃取"。根据主客观相结合原则，梁某不具有盗窃的故意，因而不构成盗窃罪。②

本案中客体和主体不存在问题，主要的争议点集中在客观方面和主观方面上。首先，分析客观方面，即梁某的行为是否属于秘密窃取。所谓秘密窃取，是指行为人主观上自认为采用的是不使被害人发觉的方法取得并且占有公私财物的行为。实质在于行为人自认为行为是隐秘的、暗中的，至于事实上是否隐秘、暗中，不影响其行为的性质。所以，秘密

---

① 沈志民：《论刑法上的占有及其认定》，载《当代法学》2010年第3期。

② 董玉庭：《捡与偷的界分——以梁丽案为背景的分析》，载《人民检察》2009年第17期。

窃取，不以必须在暗中窃取或在被害人不知晓的情况下取得财物为必要条件。秘密窃取是针对财物的所有人、保管人、使用人没有发觉，即使被其他人发觉的，也是秘密窃取。因此，应重点考虑的问题是在当时的情况下纸箱是否仍在主人的控制之下，即判断该纸箱属于遗失物还是遗忘物。

遗失物是指非基于遗失人的意志而暂时丧失占有的物，遗失物的拾得属于事实行为，不以拾得人有行为能力为必要，遗失物也不是无主财产，只不过是所有人丧失了对于物的占有，不为任何人占有的物。遗忘物是指财物的所有人或持有人有意识地将所持财物放在某处，因一时疏忽忘记拿走，而暂时失去控制的财物。其特征是遗忘的时间短，物主一般会很快回想起来遗忘物的时间和地点。两者有以下几种突出的区别：其一，遗失物是持有人因疏忽而完全丧失了对财物的实际控制力，且持有人通常难以回忆起财物的确切失落地点。相比较而言，遗忘物的持有人一般都能回忆起财物的确切遗失地点。因而二者的失主在丧失对财物的控制支配力的程度上是有区别的。其二，遗失物因持有人将财物丢失于公共活动空间，任何第三人发现后都有权拾得。根据我国刑法和民法典的有关规定，拾得他人遗失物的，应当归还失主，拾得者因此而支出的费用，应由失主偿还。对于拒不返还他人遗失物的行为，应当按照不当得利行为，追究其民事责任，而对于拒不还出他人遗忘物的，应当以侵占罪论处。

据报案人王某说，早上 8 时许他在 19 号柜台前办理行李托运手续时，机场工作人员告诉他贵重东西不能托运，他于是马上到距离 19 号柜台 22 米远的 10 号柜台找值班主任咨询，却把装有 14 千克黄金首饰的纸箱放在行李车上，而该行李车就停放在 19 号柜台旁边的垃圾桶处。10 分钟后，当王某返回原处时，发现纸箱不见了。从报案人的说法中可以发现，纸箱离他有 22 米远，并且中间隔着多个柜台和无数等着办理登机手续的人，而且，这个过程长达 10 分钟。按照生活常识，谁会将价值几百万的贵重黄金饰品随处乱放呢？因此，从这个细节可以断定，纸箱这个时候应该是因疏于管理而脱离了主人控制范围的遗忘物，所以梁某在人来人往的机场候机出发大厅自己负责区域的垃圾桶旁边拿走遗忘物的行为就不能算是秘密窃取。那么，这一点就不满足盗窃罪的客观方面。

其次，从主观方面，即梁某非法占有他人财产的故意是否产生于持有他人财物之前。盗窃罪的“非法占有”故意应在行为前即“蓄意”。本案中，梁某作为机场清洁工，看到垃圾箱旁边无人看管的行李车上，孤零零地放着一个旧纸箱，根据当时纸箱所在的场所、位置以及存放状态等足以让正常人认为是乘客的遗弃物或遗忘物，所以拿走了纸箱，并且告诉同事曹某称自己“捡”到一个纸箱，里面可能是电瓶，先放在残疾人洗手间内，如果有人认领就还给人家。从这些情况来看，不能证明梁某在拿走纸箱之前已经具有非法占有的“蓄意”。

综上，梁某拿走该纸箱的行为既不属于秘密窃取，也不存在行为之前非法占有的蓄意。根据主客观相统一和罪刑法定原则，其行为不构成盗窃罪。

(三)侵占罪与非罪的界分

《刑法》第二百七十条规定：“将代为保管的他人财物非法占为己有，数额较大，拒不退还的，处二年以下有期徒刑、拘役或者罚金；数额巨大或者有其他严重情节的，处二年以上五年以下有期徒刑，并处罚金。将他人的遗忘物或者埋藏物非法占为己有，数额较大，拒不交出的，依照前款的规定处罚。本条罪，告诉的才处理。”本案中，检察机关最终认定，梁某犯盗窃罪的证据不足，其行为构成侵占罪，属“不告不理”的自诉案件，而案件当中价值近300万元金饰的失主，表示不追究梁某的责任。但是根据对侵占罪相关内容的理解以及对梁某拾金案件事实的分析，梁某的行为亦不符合《刑法》分则中侵占罪的构成要件之规定。我国刑法理论通说认为，侵占罪的本质特征在于“从合法的他主占有转为非法的自主占有”，即将他人所有自己占有的状态转变为自己所有的状态。侵占罪的犯罪构成特征为以下几个方面：第一，本罪侵犯的客体是公私财产所有权。第二，本罪的客观方面表现为将代为他人保管的财物或者他人的遗忘物、埋藏物非法占为己有，数额较大且拒不交出的行为。第三，本罪的主体为一般主体，即年满16周岁，具有刑事责任能力的自然人。第四，本罪的主观方面是直接故意，即明知自己合法持有的是代为保管的他人财物或者是他人的遗忘物、埋藏物，以非法占有为目的，拒不退还或者拒不交出。如果没有非法占有的目的，只因某种原因一时不能退还或者不能交出而引起纠纷的，不构成本罪。

侵占罪与盗窃罪的区别在于是否合法持有他人财物。侵占罪是将他人所有、自己占有的状态转变为自己所有、自己占有的状态，即在实施非法占有行为之前就已经持有财物；盗窃罪是将他人所有、他人占有的状态转变为自己所有、自己占有的状态，即在实施非法占有行为之前并没有持有财物。所以判断两罪区别的核心要件即判断非法占为己有的状态。非法占有即主观上必须有将持有变为不法所有的意图，客观上必须具有以物的所有人自居的行为，即将合法持有的财物非法据为己有，当物主或者有关机关要求退还或交出财物，行为人拒不退还或交出。如果行为人并不拒绝退还或者并不拒绝交出，或者虽然口头表示拒不退还或者拒不交出，但经过说服教育当即退还或者交出的，一般不应以侵占罪论处。侵占他人财物，必须数额较大。数额较小的，即使拒不退还，也不能以侵占罪论处。

结合本案进行分析，行为人的行为之所以不构成侵占罪就在于其不符合侵占罪的犯罪构成要件。一方面，结合前文的分析，纸箱作为犯罪所针对的对象，作为遗忘物来看待，显然没有问题。从这一点来看，本案的客体已属于侵占罪的保护对象。梁某作为机场清洁管理人员，其职责是负责清洁工作，对于机场里面的旧纸箱有处理、清洁的工作任务，并且在机场这种公共场所，人员流动大，密集度高，落在机场的物品相对于其他特定场所来说不好管理，一旦不对旧纸箱采取必要的安全措施，丢失的可能性是比较大的。此外，结合民间版本公布的事实，梁某事后多次向同事提起拾到旧纸箱一事，可见她自己还不知道里面究竟装的是什么，事实上也没有打开纸箱。而依据当时的情况，她看到自己错误认识的物主登机以后，基于工作责任的需要本能地把旧纸箱拿回卫生间。因此，从主观上来看，梁某并没有故意占有遗忘物的主观目的，并且基于工作任务的需要，其所取得的方式完全合法。另一方面，侵占罪的本质特征在于“从合法的他主占有转为非法的自主占有”。从案件的情况来看，梁某基于物品的管理需要，而合法地对他人的物品行使支配、控制权利是毫无疑义的。我们不排除梁某在此过程中存在非法占有嫌疑，因为不管箱子里面装的是真的黄金首饰还是不值钱的电瓶或者是假的“玩具”，梁某都实施了拿别人的东西带回家的行为。从这里可以看出，梁某可能存在故意的嫌疑，她完全可以把物品上交机场认领部门来处理，但她并没有这样做。根据我国《刑法》规定，侵占是指以非法占有为目的，将他人遗忘物占为己有，数额较大，且拒不退还的行为。按照我国《刑法》的规定，“拒不交出或退还侵占物”是成立侵占罪必不可少的构成要件。根据官方版本的事实，在公安人员上门做思想工作后，梁某才将纸箱交出，显然是具有民事违法性的，由此足以认定行为人的主观心态发生了转化，即产生了非法占有的目的。但是，梁某在派出所民警找上门后即交出了财物，行为人的行为不符合侵占罪中“拒不交出”或者“拒不返还”的客观构成要件，而检察机关以此直接认定梁某的行为构成侵占罪是有违罪刑法定原则的。根据民间版本的事实，更不符合该罪构成要件。梁某在最开始拾得纸箱时就告知周围同事第二天上班时将拾得物交出，听说失主报警后，依然是这种想法。当晚派出所民警找上门，梁某自愿交出了这批黄金首饰，不管处于哪一阶段均不存在“拒不交出或退还”的情节，所以其行为也不构成侵占罪。按照前文对侵占罪犯罪构成要件的分析可知，如果行为者在实施犯罪行为后，在受害者或司法机关的追问下能交出物品，那么就不会构成侵占罪，反之才构罪。这一规定实际上排除了梁某侵占罪存在的可能性。

(四)启示

梁某的行为虽未触犯我国刑法，但并不意味着其行为有任何可取的地方，此案倘若处理不当，很有可能引发社会道德风险。虽然本案同许某盗窃案的一个重要相似之处在于双方均存在一定过错，未尽到妥善保管财物的义务，但我们不能因此排除此类顺手牵羊行为的应受谴责性，该行为的民事违法性是显而易见的。梁某案作为一个社会广泛关注、影响较大的案例，有一定的代表性和典型意义，尽管该案并未进入起诉审判阶段，但其带给我们的启示却是深刻的。

首先，司法机关在处理该案时应当保持理性的法律思维，不应由于受到社会舆论的羁绊而畏首畏尾，在对行为进行定性时要坚持主客观相统一的原则。一方面要敢于接受社会大众和媒体舆论的评论监督，尽可能及时地向社会公布该案的案情和查处情况，以满足广大民众的知情权；另一方面要正确处理好舆论监督与司法独立的关系，不能搞“媒体审判”，特别是在网络舆论的压力之下，司法工作人员更应保持冷静的工作态度。虽然本案有其特殊性和复杂性，但司法工作人员在案件的侦办过程中更应注重维护程序正义，确保当事人诉讼权利的实现。本案中存在超期羁押的情形，有违刑事诉讼程序的公正性，难免给公众造成司法不公的印象。因此，司法实务中必须严格依照《刑法》和《刑事诉讼法》的有关规定，公开、公平、公正地办理案件，以实现法律效果与社会效果的有机统一。梁某案虽已尘埃落定，但关于此案的争论却还未休止，聚焦本案的司法工作、社会舆论和理论之争，都将法律与情理的碰撞体现得淋漓尽致。通过典型案例的承办与讨论，将我国司法制度和实务层面的优势及缺陷都拿到阳光底下晾晒，无疑将推动完善立法工作，实现司法公正，增进民众的法治观念。

其次，梁某拾金案之所以受到社会各界的广泛关注及热议，其焦点之一就在于该案的发生起因于行为人产生了无危害意识的事实错误。所谓无危害意识的事实错误，是指行为人在实施某种行为时根本不具备危害社会的认识和意志，但是却造成了客观的危害结果，这种情况一般排除犯罪故意的心理，但是如果行为人对发生的危害结果主观上符合过失特征的，应负过失责任，否则应认定为意外事件，这是对无危害意图事实认识错误的一般性处理原则，但对某些特殊类型的无危害意图的事实错误，如此处理又显得不太合适。如果行为人事后发现自己的错误后立刻采取有效措施，则行为人的错误行为只是典型的不当得利，根本与《刑法》无关，不能给其定罪量刑，但行为人事后对财物非法占为己有的行为，就应另当别论，此种行为已经具有了较大的社会危害性，只用民事或行政手段不足以对此类行为进行规制，理应采取刑事手段处理。对于本案，梁某捡拾纸箱后未立即上交单位相关部门的行为存在一定过错，现实社会中有多少人面对钱财诱惑会主动将财物退还相关部门或为返还而不辞辛劳寻找失主，尤其是在该财产已达数额较大的情况下。有学者在评述本案时，纠缠于对该纸箱应如何定性的问题，即纸箱究竟属于遗失物还是遗忘物。① 在前文的叙述中，已经对遗失物、遗忘物作了清晰的界定，对侵占罪和盗窃罪也作了辨析。然而，遗失物也好，遗忘物也罢，从客观事实来看，无非都是物主失去了对财物的控制，还需要考察物主主观上是由于疏忽暂时忘却了财物还是丢失了财物，这就给司法操作带来极大的困难和不便。鉴于梁某的行为存在明显过错，假设事主忘记财物遗失何处而未能返回机场找寻，甚至自认倒霉而未报案，而公安机关也无从得知其损失情况，更无民警到梁某住处劝其交出纸箱的后续事件，即使本案中并未造成事主的任何损失，但梁某"顺手牵羊、掩耳盗铃"的行为显然是具有一定社会危害性的。那么，将来再遇到类似情况应该如何规制呢？从实证上分析，很多国家和地区都把此类行为作为犯罪处理，并且在采取盗窃罪的国家如英国，此种行为一般都被认定为盗窃罪，但这种做法在我国实践中显得太过牵强，因为这种行为无论是考察其主观特性还是其客观行为特征，都与典型的盗窃罪相去甚远。所以我国还是需要对相关罪名作扩大解释，对相关罪名作清晰划分界限，完善其犯罪类型，避免再次出现类似情形。

最后，深圳宝安国际机场作为一个重要的国际机场，应当具有最高的安全等级，工作人员应当有员工手册，即使对清洁工，也应当有管理制度和行为规范，特别是对在机场候机大厅等公共场所发现失物和可疑物品时应当如何处理，要有明确的规定并认真执行。清洁工在工作的时间、工作的场所执行工作任务时，是职务行为，理应受制度的约束。在机场管辖范围内的无主物品，理应属于机场。清洁工捡到任何物品，都应按规定上交给机场保安部门，这不仅关系到物权，更重要的是关系到安全。因此，今后机场这类的公共场所，要有严格的管理制度，无主和可疑物品千万不能擅自处理，这才是应当吸取的教训。理论是灰色的，而生活之树常青，法律和理论永远不可能完全适应生活的逻辑。如果我们把因法律滞后与刻板带来的法律空白归咎于行为者，作为一门实践性的人文学科，法何以为法？人非圣贤，孰能无过？法律应该追求培根所说的"以无情的目光论事，以慈悲的目光看人"②，而司法实践中我们所能做的就是要将刑事判决建立在合法合情合理的基础上，拉近法律与广大人民的心理距离，这样才能更好地保持法律的权威性并推动和谐法治社会的建设。

---

① 桑本谦：《传统刑法学理论的尴尬（Ⅱ）——面对梁丽案》，载《广东商学院学报》2009 年第 5 期。

② ［英］培根：《学术的进展》，刘运用译，上海人民出版社 2007 年版，第 120 页。

第十一章 盗窃罪的司法适用问题
——许某盗窃案①

一、案情简介

2006年4月21日晚10时，许某来到广州市天河区黄埔大道某银行的ATM机取款。在取款过程中，许某发现取款机系统出现错误，本想取款100元，结果ATM机出钞1000元，而银行卡存款账户里却只扣除了1元。于是，许某连续用自己的借记卡取款5.4万元。当晚，许某回到住处，将此事告诉了同伴郭某。等郭某回住所拿了借记卡后，两人随即再次前往提款，之后反复操作多次。后经警方查实，许某先后取款171笔，合计17.5万元；郭某则取款1.8万元。事后，二人各携赃款潜逃。同年11月7日，郭某向公安机关投案自首，并全额退还赃款1.8万元。经天河区人民法院审理后，法院认定郭某构成盗窃罪，但考虑到其自首并主动退赃，故对其判处有期徒刑一年，并处罚金1000元。而潜逃一年的许某，17.5万元赃款因投资失败而挥霍一空，于2007年5月在陕西宝鸡火车站被警方抓获。

2007年11月20日，广东省广州市中级人民法院作出第一审刑事判决，判处许某犯盗窃罪，数额特别巨大，判处无期徒刑，剥夺政治权利终身，并处没收个人全部财产。同时，追缴许某的违法所得175000元并发还给广州市某商业银行。宣判后，被告人许某不服，提出上诉。广东省高级人民法院于2008年1月裁定撤销原判，发回重审。

广州市中级人民法院重审判决，仍认定许某盗窃金融机构，数额特别巨大，但鉴于本案具体的犯罪事实、犯罪情节和对社会的危害程度，遂作出对许某改判为五年有期徒刑的重审判决。

重审判决宣判后，许某仍不服，再次提起上诉。广东省高级人民法院作出终审裁定，驳回上诉，维持原判。② 最高人民法院作出了核准广东省高级人民法院维持第一审以盗窃罪在法定刑以下判处被告人许某有期徒刑五年，并处罚金2万元人民币的刑事裁定。③

---

① （2007）穗中法刑二初字第196号。

② （2008）粤高法刑一终字第170号。

③ （2008）刑核字第18号。

二、案例分析

(一)不当得利的认定问题

有学者认为，许某通过取款机获取的巨额财产是一种典型的不当得利，是一种侵犯财产权的民事侵权行为。① 民法学界通说认为不当得利包括两种类型：一是因给付而发生的不当得利；二是非基于给付的事实而发生的不当得利，包括基于受益人自己的行为而发生的不当得利、基于受损人行为而发生的不当得利、基于第三人的行为而发生的不当得利和基于自然事件而发生的不当得利。其中，基于受害人自己的行为而发生的不当得利是因受益人侵害他人的合法权益而发生的，因此，在这种情形下受益人的行为也可能构成侵权行为。

不当得利，是指没有合法依据，有损于他人而取得利益。不当得利的法律事实发生以后，就在不当得利人与利益所有人(受害人)之间产生了一种权利义务关系，即利益所有人有权请求不当得利人返还不应得的利益，不当得利者有义务返还。这就在双方之间产生一种债的关系。

综上所述，我们可以确定，许某第一次正确执行 ATM 机操作，从中取得 1000 元，确实是属于不当得利的，那么其后又伙同他人在知道 ATM 出现故障后，以非法占有为目的，多次恶意取得巨额财产，并携款潜逃，明显是以非法侵占为目的，具有极大的主观恶意和社会恶性，如果只是适用民事法律，而不以刑事法律加以调整，那么必然会放纵这一类犯罪，达不到立法的目的，不能够很好打击和预防犯罪。那么许某后续交易是否构成民法中的不当得利?《中华人民共和国民法典》第一百二十二条规定，因他人没有法律依据，取得不当利益，受损失的人有权请求其返还不当利益。尽管发生不当得利的原因有事件也有行为，但本质上，不当得利属于事件，作为事件，应当与获利人的意志无关，不以获利人有行为或识别能力为前提，不是由获利人的意志决定而取得。本案中，既然后来的 171 次交易都是被告人故意为之，说明被告人已经由意外受益的心理转变为非法占有的意图，其先前不当得利的性质也已经发生变化，由意外被动获得转变为主动故意侵权，严重的侵权行为即可构成犯罪。所以被告后来的 171 次交易行为显然不再构成不当得利。同理，辩方称，被告人行为构成对银行遗忘物的占有或保管，也是不成立的，因为，如果说银行遗忘物是通过被告人故意、反复的行为而“制造”出来的，那么认定后续 171 次交易退回的钱款是遗忘物，显然违背基本逻辑和常理。综上，我们认为，被告人的后续行为是非法的，存在明显的非法占有的故意，并且具有社会危害性，应当纳入《刑法》规范的范畴。

(二)如何认定银行是否存在过错

认为银行有过错的观点：被告人的犯意产生在发现 ATM 机存在故障之后，ATM 机的失常诱使一个正常的公民临时产生了犯罪意图，而不是让一个本来就有犯罪意图的嫌疑

① 杨兴培：《许霆案的行为性质认定和法理思考》，载《法学》2008 年第 3 期。

人，在犯罪机会来临时充分暴露其犯罪意图。银行对ATM机失灵有过错，此事的责任在银行。

否定银行有过错的观点：在许某案中，银行管理上的过错并不能阻却许某行为的刑事违法性，并不是许某实施恶意取款行为的必然原因，不应成为论证许某行为无罪的理由。

关于ATM机与银行的关系：ATM是英文Automatic Teller Machine的缩写，中文一般称为自动柜员机，因大部分用于取款，又称自动取款机。它是一种高度精密的机电一体化装置，利用磁性代码卡或智能卡实现金融交易的自助服务，代替银行柜台人员工作，可以完成存入或提取现金、查询存款额、进行账户之间的资金划拨等工作。它是银行运用高科技进行自助交易的终端形式，也是目前银行与公众都认可的交易方式。它意味着通过ATM机进行交易的行为一经结束，就某一个交易行为而言就已经具有了法律意义上的终端完成形式。所以，ATM机与存款人之间的关系应该确定为ATM机的管理使用者(银行)与存款人的关系，而不是ATM机与存款者的关系，更不是ATM机的技术维护人与存款者的关系。如果ATM机发生故障，造成损害的后果，银行作为机器的管理人，其责任是不能免除的。在许某案中，许多法律专家认为许某不构成犯罪的主要原因也在于此。首先，ATM机被视为银行的延伸，ATM机所发出的指令代表银行的意志，那么许某在ATM机上进行的符合规则的操作行为，以及ATM机对许某所作的回应行为，都应被看作储户与银行的民事交易行为，这种交易由于银行方面的错误而支付了超出储户存款限额的钱款，这只能说明银行发出了错误指令，提供了不真实的意思表示，只是一种无效交易行为，而不具有盗窃犯罪的基本行为属性。其次，没有银行的配合和互动，许某恶意取款是无法完成的。ATM机支付了许某所申请的取款数额，只扣除了极少数额，这说明银行同意将这些钱的所有权转移给许某，而许某并没有采取任何欺骗、暴力、敲诈等非法行为。不仅如此，作为银行意志的代表，ATM机一旦出现故障，既可能向储户多付款，也同样可能向储户少付款，这都代表银行表达了错误的意思表示，取款人只要是符合规范地进行取款操作，就属于无效交易情形，而不是盗窃行为。笔者认为，专家意见的立论前提很明显，就是不管ATM机是否正常都代表银行行为，不管是民事交易还是刑事罪案，其过错全部由银行承担。

对此，法院持不同意见，法院尤其不认可机器故障对操作人的刑事犯罪行为构成过错。理由是，ATM机并不是由银行设计生产，而是由专门的公司生产和维护，银行一般只是购买或租赁使用，机器是否发生故障，银行并不能控制甚至纠正(经过法庭调查及证人出庭做证证明，银行人员没有人懂得ATM机的运行和维修技术)。即使ATM机作为银行服务的延伸具有拟人人格，这种故障也不是银行所希望发生或故意造成的，所以，如果把机器故障导致的错误指令等同于银行的正常意志，是不合理的，对银行也是不公平的。另外，机器虽然能替代人完成一些工作，但机器本身是无意识的，人有意识而机器无意识，这是人与机器的本质区别，也就是说，银行柜台员工一旦发现错误会及时纠错，但机器在没有被发现并排除故障之前，不会自动修复故障，它会一直错下去，所以机器故障不能等同于银行的过错，即使机器故障产生的民事后果可能要由银行或机器的生产和维护者承担。二者的关系放到刑事罪案中，更应该将责任进行明确的区分。

本案中，笔者只能说，机器故障是操作人产生犯意的前提之一，但绝不是操作人产生犯意的原因，银行管理即使有过错也不是被告人恶意存款的必然原因，不能说银行对被告人的犯意存在过错，更不能说机器故障是银行在诱导被告人犯罪。因为物质前提不能等同于犯罪的因果关系，故障只是犯罪行为实施的前提，与犯罪本身没有因果关系。所以，把机器自身故障视为银行对操作人恶意取款的配合，显然失之偏颇。

(三)盗窃罪与诈骗罪的界分

认为许某构成诈骗罪的观点：在许某案中，许某不是秘密地破坏了机器或者采取其他方法偷走银行的钱，而是输入了虚假信息，使自动取款机产生了错误的认识“自愿”付款，使许某行骗成功。

诈骗罪是指以非法占有为目的，用虚构事实或者隐瞒真相的方法，骗取数额较大的公私财物的行为。

笔者认为许某整个取款的过程都是按照银行的要求进行的，没有任何虚构事实或隐瞒真相的行为。许某多取出的钱是因为 ATM 机自身出现程序错误。那么，因受骗上当与自行出现差错，这两种情况显然不应导致同样的法律后果。

(四)盗窃罪与侵占罪的界分

根据现行《刑法》的规定，侵占罪是指以非法占有他人财物为目的，将代为保管的他人财物或者他人的遗忘物、埋藏物非法占为己有，数额较大，拒不交还的行为。

在刑法学界，有学者主张许某恶意取款的行为构成侵占罪，认为许某存在前后两个行为，先是通过合法的取款行为获取不当利益，后是非法予以占有，符合侵占罪的行为特点。[①] 还有学者从侵占罪的对象上着手，认为在取款机出错时，银行虽然没有放弃所有权，但事实上无法占有出款口的资金，且该资金并非基于银行本意而脱离其占有，属于遗忘物。因此，从“出款口拿钱”就只能评价为侵占行为。[②]

分析侵占罪的客观要件，侵占的突出特点是“变合法持有为非法所有”，这也是侵占和盗窃的本质区别，即行为人已经合法持有他人财物，是构成侵占的前提条件。由《刑法》第二百七十条规定可知，合法持有他人财物包括两种情形：一是以合法方式代为保管他人的财物，是典型的侵占；二是合法占有他人的遗忘物或者埋藏物，即对于脱离占有物的侵占。本案不能被认定是侵占的关键在于，银行没有同意或授权，所以不构成典型侵占；同时，被告人对银行资金的占有是通过恶意取款取得，不是合法持有，也不构成对脱离占有物的侵占。前面已经分析过，如果在被告人未采取任何主动行为时，ATM 机吐钱，被告人得到，这些现金可以认定为遗忘物。但本案是被告人通过故意行为，使 ATM 机“被操纵”而吐出现金，那么这些现金肯定不是银行的遗忘物，被告人也不是替银行保管钱财，因为从立法本意来说，遗忘物、保管物、不当得利都不是获得者通过主动行为来获得的。如果说某人通过自己故意的、主动的行为获得他人的遗忘物，显然违反法律关于遗忘物的定义，违反基本逻辑。本案中，被告人通过故意行为取得的财物，显然与遗失物、不当得利的法律含义不一致。既然银行资金不能认定为遗忘物，那么被告的行为更不可能

① 刘彦辉：《也论许霆案的定性》，载《北方法学》2008 年第 6 期。

② 高艳东：《从盗窃到侵占：许霆案的法理与规范分析》，载《中外法学》2008 年第 3 期。

是替银行保管，因而其行为也不构成侵占罪。

(五)盗窃罪与信用卡诈骗罪的界分

根据《刑法》第一百九十六条的规定，信用卡诈骗罪是指以非法占有为目的，违反信用卡管理法规，利用信用卡进行诈骗活动，骗取财物数额较大的行为。利用信用卡诈骗，一般是指使用伪造的、作废的信用卡或者冒用他人的信用卡、恶意透支的方法进行诈骗活动。

有学者认为许某通过向计算机发送不正确的信息，骗到了巨额金钱，其行为具有诈骗性质，若遵循德国刑法规定的计算机诈骗罪的处罚逻辑，那么本案构成我国刑法的信用卡诈骗罪。①

但是，以上说理存在着对德国“计算机诈骗罪”的误读。德国之所以增加“计算机诈骗罪”这一罪名，是为了填补以下情况中的刑罚漏洞：一方面，在拾到他人信用卡猜出密码用ATM机取款的情形，由于行为人插入的是真卡，输入了正确的密码，且银行的预设条件里也不包括对取款人身份的验证，因此行为人已经取得了银行转移存款占有的同意，所以不能以盗窃罪进行处罚；另一方面，行为人冒用他人信用卡不正当地获得了银行在ATM机上预设的同意，也难以认为是“诈骗”了银行，因为银行职员因不在场而对行为人的行为“毫无认识”，既然“没有认识”则不存在“认识错误”，谈不上诈骗罪中的“因认识错误而处分财产”，故也无法以普通诈骗罪来处罚冒用他人信用卡取款的行为。

此外，即便认为银行不仅可以通过计算机处分存款，而且能通过机器获得对取款行为人的某些认识，但其所能够认识到的也只限于计算机系统所能读取的信息，不包括计算机无法获得的有关“行为人是否有权取款”这类信息，对于这些无法获取的信息，银行只能是“没有认识”而不能是“认识错误”；而计算机已经读取的卡号、密码、取款命令等信息本身正确无误，也不存在银行对于这些信息的认识错误。因此，上述任一种情形下，都不能肯定计算机系统的设置者是因为陷入认识错误而进行了财产处分，无法满足诈骗罪的构成要件。

于是，对于行为人不正当获得预设同意的情形下，既不能以盗窃罪进行处罚，也不能以诈骗罪进行处罚，存在着罪名之间的漏洞。由此，德国的计算机诈骗罪应运而生，其立法目的就是处罚已经取得预设同意的行为人。但是，对于未取得预设同意的行为人，比如本案中未取得银行预设同意的许某，则并不存在刑罚漏洞，可直接以盗窃罪进行处罚，无须适用计算机诈骗罪。显然，把处罚“骗取预设同意”的计算机诈骗罪运用到并未取得银行预设同意的本案之中，是对他国刑法的误读。因此，许某的行为也不构成信用卡诈骗罪。

(六)盗窃罪与非罪的界分

所谓盗窃，是指以非法占有为目的，违反被害人的意志，将他人占有的财物转移给自己或者第三者占有的行为。许某具有非法占有目的，许某明知自己的借记卡所记载的现金

① 刘明祥：《用拾得的信用卡在ATM机上取款行为之定性》，载《清华法学》2007年第4期。

只有 170 余元，在发现了 ATM 机的故障后取走 17 万余元的行为，明显具有利用意思与排除意思，即具有非法占有目的。许某所提出的“本意是想把钱取出来，保护好还给银行”的辩解，不可能得到认同。而且笔者认为许某的行为符合盗窃罪的基本特征。

1. 主观方面

许某具有非法占有的目的。非法占有的目的作为一种主观要素，是构成盗窃罪必不可少的要素。在盗窃案件中，认定行为人是否具有非法占有的目的，需要特别注意的有以下两点：一是必须是行为人实施盗窃行为时就具有非法占有的目的，而不是在行为实施完成后才产生这一目的。亦即要求“责任与行为同存”，这是责任主义原则的题中应有之义。二是不能将盗窃罪中非法占有目的中的“占有”与民法上的占有混同。在民法上，所有权包括占有、使用、收益、处分四项权能，占有是使用、收益、处分的前提，其只是所有权权能的一部分。而《刑法》中盗窃罪之非法占有目的之“占有”是指利用财物和排除他人权利的意思。同时，也不能将非法占有目的中的“占有”理解为单纯事实上的支配或者控制，否则难免会把一般的盗用行为当成盗窃罪的构成要件行为，这势必会不当地扩大盗窃罪的处罚范围。

反观许某案，许某是否具有非法占有的目的呢？我们认为，在判断许某实施取款行为的主观心态时，应结合全案的案情，按照主客观相统一的原则，综合进行分析和认定，不能因为许某取出了超额款项并且已经对其进行了事实上的支配或者控制，而不分清楚情况就主观推测许某都具有非法占有的目的。同时，也不能仅凭单纯主观分析许某在行为时是怎么想的，而不结合事前、事中、事后的客观情况，来认定其是否具有非法占有的目的。许某第一次欲取款 100 元时 ATM 机吐出 1000 元，账户上只扣款 1 元，对于超出的 999 元，应该说是出乎其意料的，因其事先并不知道 ATM 机出了故障，许某只是被动而意外地获得 ATM 机吐出的超额款项，故他不存在非法占有目的，他所得的超额款项属于民法上的不当得利。从最有利于被告人之合理性上考虑，如前所述，我们也许还可以再宽容地认为许某在意识到 ATM 机存在故障继而第二次取款时是出于“再次试试”的心理，并不具有明确的非法占有的目的。如果许某就此作罢，相信该案最终可能会通过非刑事途径解决，也不会在社会上被炒得沸沸扬扬，引起轩然大波。然而，许某在其已经完全意识到 ATM 机出了故障，且在取款时自己账户余额不足无权再次取款的情况下，仍一而再、再而三地反复操作 170 余次，累计取款达 17 万余元，其主观恶性暴露无遗。在外观上许某行为也许很容易让人产生他是取“自己的钱”的错觉，但实际上其后来多次取出的钱款都是侵犯银行财产所有权的，他自己对这一点也是完全明知的。如前所述，此时，许某的主观心态已发生了转化，由意外受益的心理转变为非法占有的意图，由被动地获得超额款项转变为积极主动地侵犯银行的财产。通过反复操作恶意取款，许某非法占有银行财产的主观意图已经明显地表现出来。事后，许某完全有条件及时将取出的钱款交给银行或所在单位，或向公安机关报警，但他却在内心的“害怕和惶恐”下选择了“沉默”，直至几天后携款潜逃，也表明他对钱款具有明显利用和占有的意思。这也再一次充分佐证了许某在意识到 ATM 机出了故障而利用这一故障连续多次实施取款行为时具有非法占有的目的。自此不难发现，许某在庭审中提出的“替银行保管财产，没有想占有这笔钱”的辩解，显然难以自圆其说，违背常情、常理，缺乏事实根据和有力的证据支持，未得到法院的认可也是必然的结论。至于银行有关负责人卢某所反映的“案发后约一个月，一自称是许某的人打电话给其商量如何处理此事，并说因为钱被人偷了，没有这么多钱还，只还一半左右行不行，其当时说希望全部还清，对方说肯定还不清了，最多只有一半，其就跟对方说希望他早日到公安机关自首，把事情处理好，之后对方就将电话挂了”的事实，并不能成为否定许某具有非法占有的目的之理由。因为当许某以非法占有为目的将窃款行为实施完成以后，就已经构成犯罪既遂。许某案发一个月后要求向银行还款的行为是一种典型的事后行为，并不影响其行为的犯罪性质，充其量只能作为一个酌定的量刑情节在刑罚裁量时予以考虑。

此外，还有人提出，许某第一次取款不是秘密窃取，而其后多次取款的客观行为是一样的，只是加入了主观因素，改变了形态，怎么就成了盗窃罪呢？“如果许某发现第一次取钱后卡上记载未作及时扣除，而其所取钱款的数额又是较大的，许某即使出于恶意再去其他 ATM 机上取钱，甚至多次，而其他 ATM 机却作真实的记载和扣除。此时许某的心理活动内容无非是要多占有数额较大的钱款，这时我们应该认定哪一笔钱款属于非法的呢？从民法层面分析，显然只能认定取得第一笔钱款属于不当得利行为。第二次行为由于在客观上是合法的，不管许某内心如何想，都无论如何不能进入刑法的评价领域。”①对此，我国著名刑法学家王作富教授作了非常精辟的分析，他指出任何犯罪都是客观要件与主观要件的统一。② 许某第一次取款时无非法占有的目的，多取的款属于善意取得，而第二次及以后具有了非法占有的目的，其行为性质当然发生了变化。应该说，在某些犯罪中，在客观方面完全相同的情况下，仅因主观方面不同而使犯罪性质发生相应的变化，也是正常的现象。例如，同是重伤他人的行为，若有致人死亡之意欲，则为故意杀人未遂罪；若有使人受重伤之意欲，则为故意伤害罪；若没有伤害之意欲，则可能是过失伤害或意外事件等。

2. 客观方面

许某实施了秘密窃取银行钱款的行为，且数额特别巨大。具体而言，主要包括以下几个方面：

其一，许某的行为符合盗窃罪中“秘密”窃取的特征。

所谓秘密窃取，我国《刑法》理论一般认为，是指行为人采取自认为不使他人发觉的方法占有他人财物。只要行为人主观上是意图秘密窃取，即使客观上已被他人发觉或者注意，也不影响盗窃性质的认定。那么许某实施的行为是否属于秘密窃取呢？有不少人认为，许某使用本人真实的银行卡到有监控录像的 ATM 机上取款，事后银行根据其账号可以追查到他的名字、住址和身份证号码，这等于他在取款时告诉银行说“钱是我许某取走的”。这完全是公开获取，而不是秘密窃取。许多学者根据我国通行的刑法理论对此进行了有力的批驳，较有代表性的如陈兴良教授认为，盗窃罪的秘密具有相对性，是指行为时

① 杨兴培：《“许霆案”的技术分析及其法理思考》，载《法学》2008 年第 3 期。
② 王作富：《论犯罪构成的主客观统一原则》，载《法学杂志》1992 年第 3 期。

财产所有人或占有人不知晓，即使财产所有人或占有人事后知晓也应当认为符合盗窃罪的秘密特征。① 根据这一解释，即使许某使用本人实名的银行卡取款，事后银行能够追查到许某，只要许某取款当时银行不知晓，就应当认为是秘密窃取。张明楷教授认为，即使认为盗窃必须“秘密窃取”，也只是意味着行为人采取自认为被害人当时不会发现的方法窃取，而不影响许某的行为成立盗窃罪。②

我们认为上述论者的批驳基本上是合理的，需要进一步明确的是，对盗窃罪中“秘密性”含义的理解，至少应当包括以下三个方面的内容：(1)秘密具有主观性。即行为人自认为没有被财物的所有人、占有人或保管者发觉，即使他们事后能够知晓也在所不问。其次，“掩耳盗铃”式的窃取财物(行为人自认为财物的所有人、占有人或保管人等不知晓，而实际上在其实施窃取财物时被当场发觉)也不影响“秘密性”的成立，不能否认盗窃的性质。(2)秘密具有相对性。即秘密是相对于财物的所有人、占有人或保管者而言的，而非普遍针对除上述人员之外的其他人。如小偷在公共汽车上趁事主不注意扒窃其钱包，即使其扒窃行为被其他乘客发现，也不能否认其窃取钱包的秘密性。(3)秘密具有恒定性。即秘密性必须贯穿行为人整个行为之始终。如果在窃取财物的过程中，行为人改变了主观上“秘密”窃取的意图，转而采用暴力、胁迫、欺骗等手段取得财物，那么其犯罪性质就发生了转化，“秘密性”也荡然无存，此时则不应以盗窃罪论处。以此来分析许某案，不难得出结论：许某的行为符合盗窃罪中窃取财物的“秘密性”特征。虽然许某是利用真实的信用卡和输入自己的账户资料取款，银行也能够根据账户信息追查到许某的真实身份，可事实是许某实施恶意取款行为时银行并不知晓情况，事后其身份的公开并不能否定其行为的秘密性，不能将盗窃罪中要求的行为的秘密性等同于身份的秘密性，混淆两者的区别。退一步讲，即使银行当时知晓情况，但只要许某行为时自认为银行并不知晓，也已足够。而许某所作的“银行应该不知道”“机器知道，人不知道”等供述，也进一步印证了其实施恶意取款行为时，自认为银行不能及时发现和不知晓情况。

其二，许某实施了“窃取”银行钱款的行为。

盗窃罪客观方面的一个重要行为特征是“窃取”。所谓窃取，一般是指违反财物所有人或占有人的意思，以隐蔽手段，即盗窃罪中的“秘密性”手段，排除他人对财物的支配关系，将目的物转移给自己或者第三者占有，并建立自己的非法支配关系。在大陆法系国家刑法理论中，现在一般认为，窃取并不一定要求是秘密取走，只要行为人没有使用暴力、胁迫手段取走财物，就可以认为是窃取。有的国家刑法如德国、日本刑法没有规定抢夺罪，于是将公然夺取财物的行为，也认定为窃取，某些情况下的抢夺可能被认定为抢劫。有学者解释说，行为人在着手夺取的瞬间，实际上是秘密的，所以可以认定为窃取。③ 而在英美法系国家中，各自规定的盗窃罪的含义相差甚远，如加拿大刑法规定的盗窃不仅包括典型的秘密窃取财物构成的盗窃，还包括以欺诈手段取得或改装任何有生物或无生物、看管人盗窃(实际是侵占)被没收物等内容。而按照英国《1968 年盗窃罪法》和我

① 陈兴良：《刑法学》，复旦大学出版社 2016 年版，第 582 页。

② 张明楷：《刑法学》，法律出版社 2021 年版，第 947 页。

③ 刘明祥：《财产罪比较研究》，中国政法大学出版社 2001 年版，第 182 页。

国香港地区《盗窃罪条例》的规定，窃取一般是指“不诚实地将他人的财产据为己有”。就美国而言，大多数州规定偷盗罪中的客观行为是“实施了非法获取并拿走他人财产的行为”。可见，上述这些法律和我国《刑法》对盗窃罪中客观行为的理解存在不少差异，相对而言，这些法律对窃取规定的范围比较宽泛，甚至还包括以抢夺、诈骗、侵占等手段取得财物的行为。当然，这些法律对“窃取”含义的理解不一定符合我国的实际情况，在我国公然夺取、诈骗、侵占取得财物等有相应的罪名条文予以规制，并不构成盗窃罪。同时，窃取必须是秘密进行的。但需要强调的是，盗窃罪中“窃取”的手段与方法没有特别的限制，只要是转移了财物的占有，侵犯了他人财产所有权，对其方式就不应作特别的限定。诚如张明楷教授所言，“就转移占有的取得型财产罪而言，只要不是符合其他财产罪特征的行为，就可能评价为盗窃行为”①。在许某案中，虽然许某取得钱款的行为相对于一般盗窃有一定的特殊性，他不是通过窃入银行或者采取破坏性手段砸坏 ATM 机或篡改其程序从中取款，而是在认识到 ATM 机出现故障后，利用这一故障反复操作以恶意取款，并且没有隐藏自己的真实身份，输入 ATM 机的是自己真实的账户资料和信用卡，钱款是 ATM 机“自动”吐出来的，似乎是在接受“错给”，怎么能说许某的行为属于盗窃罪中的“窃取”呢？在我们看来，许某的行为方式虽相对于一般的盗窃手段和犯罪方法有较为明显的不同，但这只是形式上的差异，并无本质上的区别。作为一个具有正常理智的人，许某应当知道其取款数额在存款限额以内，依据金融机构有关信用卡业务的相关规则和常识，客户用无透支功能的信用卡支取超过存款限额的钱款，显然是违背银行意志的。因而从许某行为的整体性质来看，其完全符合盗窃罪中窃取的本质特征，应认为属于违背银行意志、侵犯其财产所有权和资金安全的一种特殊形式的“窃取”。

其三，许某窃取的钱款数额特别巨大。

盗窃罪客观方面的要件之一，是行为人所盗窃的财物达到了“数额较大”的标准。根据 1997 年 11 月 4 日最高人民法院发布的《关于审理盗窃案件具体应用法律若干问题的解释》(自 1998 年 3 月 17 日起施行)第三条的规定，个人盗窃公私财物价值人民币 500 元至 2000 元以上的，为“数额较大”；个人盗窃公私财物价值人民币 5000 元至 2 万元以上的，为“数额巨大”；个人盗窃公私财物价值人民币 3 万元至 10 万元以上的，为“数额特别巨大”。各省、自治区、直辖市高级人民法院可根据本地区经济发展状况，并考虑社会治安状况，在前款规定的数额幅度内，分别确定本地区执行的“数额较大”“数额巨大”“数额特别巨大”的标准。此外，1998 年 3 月 26 日最高人民法院、最高人民检察院、公安部颁布的《关于盗窃罪数额认定标准问题的规定》在结合当时经济发展水平和社会治安状况的基础上，对盗窃罪数额的认定标准也作了同样的规定。据此，就许某案而言，许某利用 ATM 机故障恶意取款 17 万余元，无疑达到了“数额特别巨大”的标准，完全满足了盗窃罪在客观方面的这一要件。

(七)争议问题评析

1. 关于许某恶意取款行为是否属于盗窃金融机构的争议

盗窃金融机构，是指盗窃金融机构的经营资金、有价证券和客户的资金等，如储户的

① 张明楷:《刑法学》，法律出版社 2021 年版，第 947 页。

存款、债券、其他款物，企业的结算资金、股票，不包括金融机构的办公用品、交通工具等财物的行为。

有人认为，因为金融机构本身不能成为盗窃罪的对象，法律规定的盗窃金融机构是指盗窃其内部的经营资金。ATM机作为银行对外提供自助服务的设备，其内部的资金就是金融机构的经营资金。因此，许某的行为属于盗窃金融机构。①

但是当时辩护一方的观点认为："许某通过柜员机正常操作取款，在物理空间和虚拟空间上都没有进入金融机构内部，因此，许某的行为不可能属于盗窃金融机构。"

"盗窃金融机构"，显然是指盗窃金融机构的经营资金、有价证券和客户资金等。ATM机内的现金，明显属于金融机构的经营资金。盗窃金融机构，只是法条的省略表述。同样，许某并没有盗窃ATM机，而是盗窃了ATM机中的现金，ATM机中的现金是银行的经营资金，银行属于金融机构，故许某盗窃了金融机构的经营资金。

但是也有相反观点认为，不应把ATM机作为金融机构来定性，依据法律解释中的字面解释，金融机构是不包括ATM机的，因为按照当时制定刑法的时间推算，那时还没有ATM机，所以许某的行为不构成盗窃金融机构的资金。②

2. 对许某利用ATM机故障恶意取款行为量刑情节的争议

一种观点认为，许某不仅将巨款挥霍一空，还私自潜逃直至被抓获，并无任何可获从轻或减轻的量刑情节，因此，法院适用的最高刑并无不妥，仍在法定范围内，对法院一审判决持赞同的立场。③ 有学者还指出，此类案件将来发生的可能性非常小，即使对许某适用了酌定减轻处罚的规定，也无损于预防此类犯罪的发生，对许某可以适用酌定减轻处罚的规定。④

笔者认为，许某的恶意取款行为由于社会危害性较小，且其所采用的犯罪手段和犯罪对象都极其特殊，并且银行也存在一定的过错，对许某应当适用酌定减轻处罚情节。酌定情节的恰当适用可以使判决更合法、合理、合情，有利于实现法律效果和社会效果的统一，体现司法公正。大多数学者和广大人民群众支持这种观点。

3. 对许某量刑轻重的争议

对于许某的量刑许多人认为过重，尤其是根据社会现状来看，贪污受贿数10万元甚至上百万元者，也只不过判处十几年。两相对比，对许某量刑过重的意见的反响是完全可以理解的，更何况许某是利用自动取款机的故障盗窃，犯罪行为的发生与银行过错存在一定的关联。当然，这个问题的出现本身较为复杂，既有规则制定的原因，也有规则适用上的原因。从规则制定来说，《刑法》对金融机构财产特殊保护的正当性何在？司法解释将3

① 张明楷：《许霆案的定罪与量刑》，载《人民法院报》2008年4月1日第5版。

② 李淼：《关于许霆案的几点思考》，载《中国商界(下半月)》2008年第5期。

③ 张明楷：《许霆案的定罪与量刑》，载《人民法院报》2008年4月1日第5版。

④ 刘远：《实证主义的刑法范式及其克服——由"许霆案"引发的思考》，载《山东警察学院学报》2008年第4期。

万元至10万元以上规定为数额特别巨大的合理性何在？这些都是可以从应然层面讨论的。从规则适用来说，由于许某盗窃金融机构数额已经达到司法解释规定的数额特别巨大的标准，对其判处法定最低刑——无期徒刑，似乎是依法判决的结果。但对于许某案应当考虑适用特殊减轻刑罚。原一审判决为什么不启动这一特殊减轻的程序，这里确实存在机械司法之嫌。特殊减轻的规定具有某种对过于僵硬的刑罚进行补救的机能，笔者个人倾向于对判处法定最低刑仍然明显过重的案件适用特殊减轻，而不是特殊减轻规定只适用于涉及政治、外交等情况的案件。就许某案而言，适用特殊减轻的理由有三：一是银行明显存在过错。这一过错虽然不能成为许某无罪的理由，但可以成为适用特殊减轻的根据。二是违法程度较轻。许某是利用自动取款机的故障而窃取财物，这和采用破坏自动取款机甚至非法潜入金融机构的盗窃行为相比，客观上违法程度较轻。三是责任程度较轻。银行的过错产生了巨大的金钱诱惑，从而诱发了许某的犯罪行为。从期待可能性来说，由于存在自动取款机故障这一附随状况，使得期待可能性程度有所降低，由此可以减轻许某的责任。

从立法论上来说，量刑畸重源于过重的法定刑。但是，一方面，不能因为判处无期徒刑过重，就否认许某的行为属于盗窃金融机构；另一方面，既然判处无期徒刑过重，就必须合理运用刑法的相关规定。

笔者认为不应当予以较重的处罚。理由是：第一，从主观上来说，被告人的主观恶性是较轻的，在知道ATM机发生故障之前，被告人就是去取钱，这是一个合法行为，没有任何犯罪意图。他是在取钱过程中，发现ATM机故障并且这一故障可以给他带来巨大利益的时候，因为贪欲而产生犯意。也就是说，如果没有ATM机故障作为前提，被告人不会产生盗窃的犯意，因此，其主观恶性有限。同时，银行作为ATM机的管理者和拥有者，其对机器故障(错误吐钱)应当承担过错责任，这一过错虽然与被告人的犯罪行为不构成因果关系，但可以作为对被告人从轻处罚的情节予以考虑。第二，从被告人的行为方式来看，其获取钱财的方式是平和的，他没有通过其他手段如破坏机器、修改电磁信息、蒙骗他人或通过电脑技术侵入等方式故意改变ATM指令而窃取钱款，他只是利用了ATM机的故障，通过“规范”的方式获取钱款。被告人利用机器故障进行盗窃，与那些典型的盗窃罪案中受害人因财物损失产生的痛苦、报复欲望，以及因毫无民事救济的可能性而必须依赖刑法保护的情形截然不同，这在量刑上必须予以考虑。第三，从被告人的行为后果来看，因为银行ATM机事故发生率总体很低，利用ATM机的故障进行盗窃，其发生概率更低；既然银行资金受损与其ATM机故障有直接关联，此后，银行必会在机器的运行精度以及失窃保险上完善制度，那么，将来这类案件的发生率应该会更低。另外，据银行方面称，当晚机器故障涉及存款错误的有二十多人，仅有被告一人利用机器故障进行盗窃。可以说，这一盗窃案的发生，几乎产生于公民贪欲膨胀的一念之间。面对这种罪案，普通公民关注的应该是自己面对这种情况会怎么选择，不会因这种特殊形式的盗窃而对自己的财物产生失窃的恐惧感。所以，这一犯罪行为对社会秩序和公民的人身财产安全感并不会产生恶劣影响，本案的社会危害性比常态化的盗窃犯罪要小得多。

第十二章　传播淫秽物品牟利罪的司法适用问题
——A 公司传播淫秽物品牟利案[①]

一、案情简介

被告单位深圳市 A 公司成立于 2007 年 12 月 26 日，公司性质为有限责任公司，注册资本 1000 万元。A 公司持有网络文化经营许可证，至案发之日没有取得互联网视听节目服务许可。被告人王某为 A 公司的法定代表人、股东、执行董事、经理，负责 A 公司经营和管理工作。A 公司快播事业部负责公司视频播放器的技术开发和市场推广。被告人吴某于 2013 年担任快播事业部总经理，负责事业部全面工作。被告人张某东系 A 公司股东，于 2012 年担任事业部副总经理兼技术平台部总监，最初开发了快播视频传输和播放的核心软件。被告人牛某于 2012 年担任事业部副总经理兼运营部总监，2013 年担任事业部市场部负责人，负责信息安全组工作。

A 公司通过免费提供 QSI（QVOD Server Install，即 QVOD 资源服务器程序）和 QVODPlayer（即快播播放器程序或客户端程序）的方式，为网络用户提供网络视频服务。任何人（被 A 公司称为“站长”）均可通过 QSI 发布自己所拥有的视频资源。具体方法是，“站长”选择要发布的视频文件，使用资源服务器程序生成该视频文件的特征码（hash 值），导出包含 hash 值等信息的链接。“站长”把链接放到自己或他人的网站上，即可通过 A 公司中心调度服务器（运行 P2PTracker 调度服务器程序）与点播用户分享该视频。这样，A 公司的中心调度服务器在站长与用户、用户与用户之间搭建了一个视频文件传输的平台。为提高热点视频的下载速度，A 公司搭建了以缓存调度服务器（运行 CacheTracker 缓存调度服务器程序）为核心的平台，通过自有或与运营商合作的方式，在全国各地不同运营商处设置缓存服务器 1000 余台。在视频文件点播次数达到一定标准后，缓存调度服务器即指令处于适当位置的缓存服务器（运行 CacheServer 程序）抓取、存储该视频文件。当用户再次点播该视频时，若下载速度慢，缓存调度服务器就会提供最佳路径，供用户建立链接，向缓存服务器调取该视频，提高用户下载速度。部分淫秽视频因用户的点播、下载次数较高而被缓存服务器自动存储。缓存服务器方便、加速了淫秽视频的下载、传播。

2012 年 8 月，深圳市公安局公安信息网络安全监察分局对 A 公司进行检查，针对该

---

① （2015）海刑初字第 512 号。

公司未建立安全保护管理制度、未落实安全保护技术措施等问题，给予行政警告处罚，并责令整改。随后，深圳网监将违法关键词和违法视频网站链接发给A公司，要求采取措施过滤屏蔽。A公司于是成立了信息安全组，并开展了不到一周的突击工作，于8月8日投入使用"110"不良信息管理平台，截至9月26日共报送"色情过滤"类别的不良信息15836条。但在深圳网监验收合格后，信息安全组原有4名成员或离职或调到其他部门，"110"平台工作基本搁置，检查屏蔽工作未再有效进行。2013年8月5日，深圳市南山区广播电视局执法人员对A公司开展调查，在牛某在场的情况下，执法人员登录公司网站，进入快播"超级雷达"(一种发现周边快播用户观看网络视频记录的应用)，很快便找到了可播放的淫秽视频。牛某现场对此予以签字确认。但A公司随后仅提交了一份整改报告。10月11日，南山区广电局认定A公司擅自从事互联网视听节目服务，提供的视听节目含有诱导未成年人违法犯罪和渲染暴力、色情、赌博、恐怖活动的内容，对A公司予以行政处罚。此后，A公司的"110"平台工作依然搁置，检查屏蔽工作依然没有有效落实。

A公司直接负责的主管人员王某、吴某、张某东、牛某，在明知A公司擅自从事互联网视听节目服务、提供的视听节目含有色情等内容的情况下，未履行监管职责，放任淫秽视频在A公司控制和管理的缓存服务器内存储并被下载，导致大量淫秽视频在网上传播。

2013年上半年，北京B公司为解决使用快播播放器访问快播视频资源不流畅的问题，与A公司联系寻求技术解决方案，双方开展战略合作。根据双方协商，由B公司提供硬件设备4台服务器，由A公司提供内容数据源以及降低网络出口带宽、提升用户体验的数据传输技术解决方案，负责远程对软件系统及系统内容的维护。2013年8月，B公司提供4台服务器开始上线测试，A公司为4台服务器安装了A公司的缓存服务器系统软件，并通过账号和密码远程登录进行维护。2013年11月18日，北京市海淀区文化委员会在行政执法检查时，从B公司查获此4台服务器。2014年4月11日，北京市公安局海淀分局决定对王某等人涉嫌传播淫秽物品牟利罪立案。经查，该4台服务器从2013年下半年投入使用，至2013年11月18日被扣押，存储的均为点击请求量达到一定频次以上的视频文件。公安机关从服务器里提取了29841个视频文件进行鉴定，认定其中属于淫秽视频的文件为21251个。

2013年年底，为了规避版权和淫秽视频等法律风险，在王某的授意下，张某东领导的技术部门开始对快播缓存服务器的存储方式进行调整，将原有的完整视频文件存储变为多台服务器的碎片化存储，将一部视频改由多台服务器共同下载，每台服务器保存的均是32M大小的视频文件片段，用户点播时需通过多台服务器调取链接，集合为可完整播放的视频节目。

另查，A公司盈利主要来源于广告费、游戏分成、会员费和电子硬件等，快播事业部是A公司盈利的主要部门。根据账目显示，快播事业部的主要收入来源于网络营销服务(包括资讯快播、客户端、第三方软件捆绑、VIP服务等)，其中资讯快播和第三方软件捆绑是最主要的盈利方式。具体而言，A公司向欲发布广告的公司收取广告费，用户使用快播播放器时，会有快播资讯窗口弹出，该窗口内除部分新闻外即是广告内容；A公司还向一些软件开发公司收取合作费用，使得用户安装快播播放器的同时捆绑安装一些合作公司软件。A 公司营业收入逐年增长，至 2013 年仅快播事业部即实现营业收入人民币 143075083 元，其中资讯快播营业收入人民币 70463416 元，占 49.25%，第三方软件捆绑营业收入为人民币 39481457 元，占 27.59%。

被告人吴某、张某东、牛某于 2014 年 4 月 23 日在深圳被抓获，被告人王某于 2014 年 8 月 8 日从韩国济州岛被押解回京。

一审法院判决：

被告单位深圳市 A 公司犯传播淫秽物品牟利罪，判处罚金人民币 1000 万元；被告人王某犯传播淫秽物品牟利罪，判处有期徒刑三年六个月，罚金人民币 100 万元；被告人张某东犯传播淫秽物品牟利罪，判处有期徒刑三年三个月，罚金人民币 50 万元；被告人吴某犯传播淫秽物品牟利罪，判处有期徒刑三年三个月，罚金人民币 30 万元；被告人牛某犯传播淫秽物品牟利罪，判处有期徒刑三年，罚金人民币 20 万元。

二、案例分析

(一)行为人行为的构罪分析

1. A 公司负有网络视频信息服务提供者应当承担的网络安全管理义务

本案被告单位 A 公司，是一家流媒体应用开发和服务供应企业，其免费发布快播资源服务器程序和播放器程序，使快播资源服务器、用户播放器、中心调度服务器、缓存调度服务器和上千台缓存服务器共同构建起了一个庞大的基于 P2P 技术提供视频信息服务的网络平台。无论是用户使用快播播放器客户端点播视频，还是“站长”使用快播资源服务器程序发布视频，A 公司中心调度服务器均参与其中。中心调度服务器为使用资源服务器程序的“站长”提供视频文件转换、链接地址发布服务，为使用播放器程序的用户提供搜索、下载、上传服务，进而通过其缓存服务器提供视频存储和加速服务。A 公司缓存服务器内存储的视频文件，也是在中心调度服务器、缓存调度服务器控制下，根据视频被用户的点击量自动存储下来的，只要在一定周期内点击量达到设定值，就能存储并随时提供给用户使用。A 公司由此成为提供包括视频服务在内的网络信息服务提供者。

A 公司作为互联网信息服务的提供者，作为视听节目的提供者，必须遵守相关法律法规的规定，对其网络信息服务内容履行网络安全管理义务。P2P 技术容易被利用于淫秽视频、盗版作品传播，这在行业内已经是众所周知的事实。监管淫秽视频以避免淫秽视频通过快播网络传播，不仅是 A 公司作为网络视频信息服务提供者的法律义务，更是其应当积极承担的社会责任。

2. A 公司及各被告人均明知快播网络系统内大量存在淫秽视频并介入了淫秽视频传播活动

根据 A 公司员工的证言，结合本案被告人的供述等众多言词证据均能证明，王某、吴某、张某东、牛某不仅已经知道快播网络服务系统传播淫秽视频，而且已经知道 A 公司的行为导致淫秽视频在互联网上大量传播的事实。证据还显示，王某、张某东、牛某对于缓存服务器实质上介入淫秽视频传播均已知晓，王某、张某东对于介入传播的具体技术原理更有深入研究。作为一个自称“非常重视用户体验”的视频服务提供商，A公司应当知道其网络用户搜索和点击的视频内容的统计特征。在案扣押的缓存服务器内存储的内容多达70%为淫秽视频，便是这一特征的客观表现。

进一步的证据是，执法部门以各种方式开展了监管活动。2012年8月，深圳网监针对A公司未建立信息安全保护管理制度、未落实安全保护技术措施的情况给予行政处罚警告，A公司接受整改的主要内容就是审核和过滤淫秽视频，其在整改报告中称审核和过滤的信息类别也主要是“色情过滤”。2013年8月5日，南山区广电局执法人员对A公司进行现场执法检查，确认A公司网站上的淫秽视频内容，随后作出行政处罚决定。王某作为A公司的法定代表人，授权牛某代理此事的授权委托书上，明确写了“涉嫌提供的视听节目含有渲染色情活动的内容”，证明王某知道A公司网络传播淫秽视频的事实。南山区广电局在2013年8月5日对A公司作出的调查询问通知书、2013年9月25日作出的行政处罚事先告知书及2013年10月作出的行政处罚决定书，均明确了调查和处罚A公司的原因就是A公司“提供的视听节目含有诱导未成年人违法犯罪和渲染暴力、色情、赌博、恐怖活动的内容”。上述证据表明，各被告人在主观上完全符合单位犯罪所要求的传播淫秽物品牟利罪的“明知”要件，应予认定。

3. A公司及各被告人放任其网络服务系统大量传播淫秽视频属于间接故意

传播淫秽物品牟利罪的传播，是指通过播放、陈列、建立淫秽网站、网页等方式使淫秽物品让不特定人感知，以及通过出借、赠送等方式散布、流传淫秽物品的行为。根据张某东的供述及江某、伍某、唐某、钟某等快播技术开发人员、服务器维护人员的证言，涉案起获的4台缓存服务器内的淫秽视频文件均是快播用户一周内请求点播达到一定次数以上后被缓存服务器下载存储下来，并处于提供给B公司用户在其个人选定的时间和地点获取的状态。虽然没有证据直接显示涉案4台服务器内的淫秽视频被用户浏览或下载的频次，但A公司放任其缓存服务器存储淫秽视频并使公众可以观看并随时得到加速服务的方式，属于通过互联网陈列等方式提供淫秽物品的传播行为。

2013年年底，为了规避版权和淫秽视频等法律风险，在王某的授意下，张某东领导的技术部门开始对快播缓存服务器的存储方式进行调整，将原有的完整视频文件存储变为多台服务器的碎片化存储，将一部视频改由多台服务器共同下载，每台服务器保存的均是32 M大小的视频片段，用户点播时需通过多台服务器调取链接，集合为完整视频播放。2014年2月，A公司的所有缓存服务器都采取了碎片化的存储方式。“做‘碎片化’就是要规避法律风险，怕被人告说公司盗版，还有就是规避淫秽视频风险”。这证明王某对于快播网络传播淫秽视频的事实不但明知，而且还着手采取逃避检查的技术措施，消极对待其监管责任，放任大量淫秽视频经由其网络系统，特别是经由其缓存服务器任意传播。王某的这种意志实际上就是A公司的意志，而A公司事业部的管理者吴某、张某东、牛某就是这一意志的执行者和执行监督者。根据我国《刑法》，犯罪的故意，是指明知自己的行为会发生危害社会的结果，并且希望或者放任这种结果发生的心理态度。A公司及各被告人的行为足以表明其“放任”的间接故意，足以表明其放任的是正在发生或可能正在发生的危害后果。

4. A公司具备承担网络安全管理义务的现实可能但拒不履行网络安全管理义务

一般来说，网络视频服务企业难以做到屏蔽所有非法视频，但证据表明，A公司连行业内普遍能够实施的关键词屏蔽、截图审查等最基本的措施都没有认真落实。A公司在2012年被深圳网监处罚后，确实设置了信息安全组，开展了一些工作。但一年后，南山区广电局执法人员在A公司牛某面前当场取证，从公司官网可以非常“便利”地看到淫秽视频正在快播网络上传播。显然，如果A公司的“110”不良信息管理平台有效发挥作用，检查屏蔽淫秽视频工作并不困难。正如牛某的供述以及A公司负责信息安全工作的员工证言所称，“110”不良信息管理平台，在深圳网监验收合格之后，就基本被搁置，原为应对检查设立的信息安全组名存实亡。从另一角度讲，A公司控制着每一台缓存服务器，能够轻易调取所存储的视频进行随机审查，可以轻易判断和批量清除缓存服务器内的淫秽视频，但A公司没有做这种后台审查工作，放任占存储量70%的淫秽视频在自己的缓存服务器中以供加速下载之用。A公司及王某等人在第一次庭审过程中反复强调自己对通过快播技术传播淫秽视频没有网络安全管理义务，既体现出其对法律法规规定义务的漠视，也体现出其逃避社会责任的主观态度。A公司对于信息网络安全管理义务不是没有履行的现实能力，而是没有切实履行的意愿，其在本案中所表现出的行为属于拒不履行网络安全管理义务的行为。

5. A公司及各被告人的行为具有非法牟利目的

使用快播资源服务器程序发布、经由快播网络平台传播的淫秽视频的点击数量直接影响了播放器的用户数量，与A公司的广告收益相互关联。A公司综合管理中心财务总监刘某的证言及其提供的财务报表显示，A公司盈利主要来源于快播事业部，而快播事业部的主要收入来源于网络营销服务，其中资讯快播和第三方软件捆绑是最主要的盈利方式，即来自快播播放器的安装和使用。2008年至2013年，A公司营业收入逐年快速增长，仅快播事业部2013年达到人民币1.4亿元，其中资讯快播营业收入人民币7046万元(占49.25%)、第三方软件捆绑营业收入人民币3948万元(占27.59%)。虽然A公司自己并未上传淫秽视频，但任何网络用户均可以使用快播资源服务器程序发布淫秽视频。客观上，A公司非但不加监管，反而通过有条件的存储、调取方式提供网络支持，为用户上传、搜索、点播淫秽视频提供便利，致使淫秽视频大量传播。快播播放器软件借此得到推广，A公司也因此大量获利。A公司明知其快播软件和快播网络平台被用于传播淫秽视频而不予监管，反而用缓存服务器加速传播，这一放任行为在客观上对淫秽视频在网络上传播起到了推波助澜的作用，也由此让快播播放器的下载和使用产生的利益随之迅速增加。A公司明知其网络上淫秽视频的传播和公司营收增长之间的因果关系，仍放任其网络系统被继续用于传播淫秽视频，应当认定为具有非法牟利目的。

6. 本案既不适用“技术中立”的责任豁免也不属于“中立的帮助行为”

以技术中立原则给予法律责任豁免的情形，通常限于技术提供者。对于实际使用技术的主体，则应视其具体行为是否符合法律规定进行判断。恶意使用技术危害社会或他人的行为，应受法律制裁。A 公司绝不单纯是技术的提供者，“站长”或用户发布或点播视频时，A 公司的调度服务器、缓存服务器参与其中，A 公司构建的 P2P 网络平台和缓存加速服务都让其成为技术的使用者，同时也是网络视频信息服务的提供者。A 公司在提供 P2P 视频技术服务和缓存技术服务时，虽然客观上没有对视频内容进行选择，但当其明知自己的 P2P 视频技术服务被他人利用传播淫秽视频，自己的缓存技术服务被利用成为大量淫秽视频的加速传播工具，自己有义务、有能力阻止而不阻止时，A 公司就不可能再获得技术中立的责任豁免。A 公司出于牟利目的，不履行安全管理义务，继续放任他人利用快播网络大量传播淫秽视频，且自己的缓存服务器也介入传播，在技术使用过程中明显存在恶意，应当承担相应的法律责任。

7. A 公司以牟利为目的放任淫秽视频大量传播的行为构成传播淫秽物品牟利罪的单位犯罪

我国《刑法》第三十条规定：公司、企业、事业单位、机关、团体实施的危害社会的行为，法律规定为单位犯罪的，应当负刑事责任。从主体身份看，A 公司通过调度服务器为使用资源服务器程序的“站长”提供视频文件转码、链接地址发布服务，为使用快播播放器的用户提供搜索、下载、上传服务，进而通过其缓存服务器提供视频存储和下载加速服务，A 公司属于网络信息服务提供者，应当依法承担网络安全管理义务。从客观行为看，A 公司在明知快播网络服务系统被众多“站长”(用户)用于传播淫秽视频的情况下，有能力但拒不履行网络安全管理义务，甚至采取技术措施规避法律责任，放任他人利用自己的网络技术服务传播淫秽视频，放任自己的缓存服务器被他人利用并介入到淫秽视频的传播之中，导致淫秽视频大量传播的严重危害后果。从主观认知看，A 公司曾因传播淫秽视频等网络信息安全问题被采取行政处罚措施，王某、张某东、牛某等人亦曾多次供述知道快播传播淫秽视频的问题，足以认定 A 公司明知其网络服务系统被用于传播淫秽视频。从犯罪目的来看，由于大量淫秽视频得以通过快播网络服务系统传播，快播播放器的用户数量和市场占有率得以提高，快播资讯和捆绑软件的盈利能力得以提升，A 公司拒不履行网络安全管理义务，具有非法牟利目的。A 公司的行为符合《刑法》第三百六十三条规定的传播淫秽物品牟利罪的构成要件。A 公司明知快播网络服务系统被用于传播淫秽视频，但出于扩大经营、非法牟利目的，拒不履行监管和阻止义务，放任其网络平台大量传播淫秽视频，具有明显的社会危害性和刑事违法性，应当依法追究刑事责任。

(二) A 公司的传播行为系作为还是不作为

传播淫秽物品，是指在一定的范围内将淫秽物品进行扩散或者流传，传播的手段包括播放、出借、承运、邮寄等。淫秽物品的传播行为通常是以作为的方式进行的，但同时也存在不作为的传播情形。2010 年 2 月 2 日最高人民法院、最高人民检察院《关于办理利用互联网、移动通讯终端、声讯台制作、复制、出版、贩卖、传播淫秽电子信息刑事案件具体应用法律若干问题的解释(二)》第四条规定：以牟利为目的，网站建立者、直接负责的管理者明知他人制作、复制、出版、贩卖、传播的是淫秽电子信息，允许或者放任他人在自己所有、管理的网站或者网页上发布，具有下列情形之一的，依照《刑法》第三百六十三条第一款的规定，以传播淫秽物品牟利罪定罪处罚。由此可见，对于传播淫秽物品牟利罪来说，既可以由作为构成，也可以由不作为构成，网络传播淫秽物品罪亦如此。结合互联网的特点，在网络上传播淫秽物品有两种情形：第一，利用互联网直接传播淫秽物品，如建立淫秽网站、上传淫秽照片或者视频、提供淫秽电子信息的链接等；第二，对网络淫秽物品负有网络监管义务但是拒不履行。

本案中，A 公司对于淫秽物品的传播是以作为方式进行的还是以不作为方式进行的，实务界与学界对此也是探讨不止。张明楷教授认为 A 公司在传播淫秽物品过程中存在两种行为：一是使用 P2P 技术为用户提供上传视频的服务，将用户上传的视频存入自己控制、管理的缓存服务器；二是向用户提供缓存在服务器里的淫秽视频文件。张明楷教授认为第二种行为就属于以陈列方式传播淫秽物品。同时，A 公司拉拽淫秽视频文件储存在缓存服务器里，并且向用户提供该淫秽视频文件的行为，不能认定为中立的帮助行为，而应该是传播淫秽物品的正犯行为。据此，张明楷教授认定 A 公司在传播淫秽物品过程中，是作为和不作为的结合。① 而从一审法院的判决来看，法院是按照不作为犯罪进行认定的。法院认为，A 公司作为网络视频信息服务的提供者，应当积极承担网络安全监管义务。A 公司在发现公司的网络信息服务系统存在大量淫秽视频文件后，并没有严格整改，反而放任各用户肆意上传淫秽视频文件，并且为用户上传、下载淫秽视频文件提供便利，以此谋取非法利益。这也是笔者所支持的。A 公司及其主管人员未能履行法定监管职责，导致用户肆意在网上传播淫秽视频，并且两者之间具有因果关系。这是一种不作为的传播行为，由此认定 A 公司及其主管人员构成不作为的传播淫秽物品牟利罪。

(三) 技术中立原则

技术中立原则是美国联邦最高法院于 1984 年“索尼案”中所确立的原则。该原则的内涵是：一项技术或者一个产品被合法使用还是非法使用，不是该技术或者产品开发者所能预见和控制的，因此不能因为该技术或者产品被他人用作实施侵权行为的工具，而要求开发者为他人的侵权行为负责。这项原则是从专利法中借鉴来的，目的在于将帮助侵权的责任限制在一个合理的范围内，在保护知识产权人利益的同时，不至于妨碍技术的进步。那么，索尼案中所确立的技术中立原则是否可以适用于本案呢？对此，我们要从索尼案的案情出发，比较两者的异同点。

20 世纪 80 年代，索尼公司研发了一款 Betamax 录像机，该款录像机的最大特点就是能够边看电视边录像和定时录像，而正是这种即时录像的功能对影视版权所有者造成了重大利益损失。原告认为录像用户录制电视中播放的影视作品侵害了原告的版权，因此诉至联邦地区法院，要求索尼公司对销售录像机提供侵权手段并且通过广告鼓励这种行为承担

---

① 张明楷：《快播案定罪量刑的简要分析》，载《人民法院报》2016 年 9 月 14 日第 3 版。

侵权责任。该案件从美国联邦地区法院驳回原告诉讼请求到上诉法院改判，最后美国联邦最高法院以五票赞成对四票反对，再次驳回原告的诉讼请求，才尘埃落定。

索尼公司生产和销售Betamax录像机，是一种极为传统的销售行为，对于用户购买产品后如何使用，这是索尼公司预料和控制不了的。因此，就算用户使用该款录像机进行侵权活动，索尼公司也是不需要承担任何责任的。而从A公司的经营模式来看，其经营模式与索尼公司完全不同。A公司并不是一个单纯的网络播放器提供者，而是一个互联网信息系统。“站长”或者用户发表或者点播视频时，A公司的调度服务器、缓存服务器都是参与其中的。另外，A公司在提供P2P视频技术服务和缓存技术服务时，虽然客观上没有对视频内容进行选择，但是其知道该项技术服务被他人用作传播淫秽视频。此时，A公司是有能力阻止，也有义务阻止的。但是A公司出于牟利目的，不履行安全管理义务，继续放任他人利用快播网络大量传播淫秽视频，且自己的缓存服务器也介入传播，在技术使用过程中明显存在恶意，故其不适用技术中立原则，应当承担相应的法律责任。

(四)网络监管者的安全管理义务

从一审判决可以看出，我国对于网络系统的建立者、管理者、经营者，规定了严格的法律义务和责任，其应当依法承担网络安全管理义务。具体法律、行政法规和部门规章如下：

第一，1997年12月16日，公安部发布《计算机信息网络国际联网安全保护管理办法》。

第五条第(六)项规定：“任何单位和个人不得利用国际联网制作、复制、查阅和传播下列信息：宣扬封建迷信、淫秽、色情、赌博、暴力、凶杀、恐怖，教唆犯罪的。”

第十条第(七)项规定：“互联单位、接入单位及使用计算机信息网络国际联网的法人和其他组织应当履行下列安全保护职责：按照国家有关规定，删除本网络中含有本办法第五条内容的地址、目录或者关闭服务器。”

第二，2009年9月25日，国务院发布《互联网信息服务管理办法》。

第十五条第(七)项规定：“互联网信息服务提供者不得制作、复制、发布、传播含有下列内容的信息：散布淫秽、色情、赌博、暴力、凶杀、恐怖或者教唆犯罪的。”

第十六条规定了互联网信息服务提供者的停止传输义务：“发现其网站传输的信息明显属于本办法第十五条所列内容之一的，应当立即停止传输，保存有关记录，并向国家有关机关报告。”

第三，2000年12月28日，全国人民代表大会常务委员会颁布《关于维护互联网安全的决定》。

第三条第(五)项规定：“为了维护社会主义市场经济秩序和社会管理秩序，对有下列行为之一，构成犯罪的，依照《刑法》有关规定追究刑事责任：在互联网上建立淫秽网站、网页，提供淫秽站点链接服务，或者传播淫秽书刊、影片、音像、图片。”

第七条规定：“从事互联网业务的单位要依法开展活动，发现互联网上出现违法犯罪行为和有害信息时，要采取措施，停止传输有害信息，并及时向有关机关报告。任何单位和个人在利用互联网时，都要遵纪守法，抵制各种违法犯罪行为和有害信息。”

第四，2007年12月29日，原国家广播电影电视总局、原信息产业部发布《互联网视听节目服务管理规定》。

第十六条第(七)项规定："互联网视听节目服务单位提供的、网络运营单位接入的视听节目应当符合法律、行政法规、部门规章的规定。已播出的视听节目应至少完整保留60日。视听节目不得含有以下内容：诱导未成年人违法犯罪和渲染暴力、色情、赌博、恐怖活动的。"

第十八条规定："广播电影电视主管部门发现互联网视听节目服务单位传播违反本规定的视听节目，应当采取必要措施予以制止。互联网视听节目服务单位对含有违反本规定内容的视听节目，应当立即删除，并保存有关记录，履行报告义务，落实有关主管部门的管理要求。

互联网视听节目服务单位主要出资者和经营者应对播出和上载的视听节目内容负责。"

第五，2012年12月28日，全国人民代表大会常务委员会颁发《关于加强网络信息保护的决定》。

第五条规定："网络服务提供者应当加强对其用户发布的信息的管理，发现法律、法规禁止发布或者传输的信息的，应当立即停止传输该信息，采取消除等处置措施，保存有关记录，并向有关主管部门报告。"

由上述法律法规可以看出，我国最早在1997年就对从事网络服务的单位设立了登记监管的义务，之后随着社会的不断变化及国家重视程度的提高，网络监管义务从部门规章上升到行政法规、法律层面。在互联网产业迅速发展的今天，法律没有苛责互联网企业在其经营管理的网站上不允许出现任何违法或不良信息，但要求其严格履行网络安全管理义务，设置必要的监管环节，及时处置违法或不良信息。A公司作为互联网信息服务的提供者，作为视听节目的提供者，必须遵守相关法律法规的规定，对其网络信息服务内容履行网络安全管理义务。P2P技术容易被利用于淫秽视频、盗版作品传播，这在行业内已经是众所周知的事实。监管淫秽视频以避免淫秽视频通过快播网络服务传播，不仅是A公司作为网络视频信息服务提供者的法律义务，更是其应当积极承担的社会责任。

第十三章　野生动物保护与人工驯养的司法困境——谢某福、王某非法收购、出售珍贵、濒危野生动物案①

一、案情简介

2016年4月初，被告人谢某福从被告人王某处以每只500元人民币的价格购买了2只变异的小金太阳鹦鹉。经鉴定，该2只鹦鹉学名为绿颊锥尾鹦鹉（人工变异种），被列入《濒危野生动植物种国际贸易公约》（以下简称《公约》）附录二。2016年5月10日，公安机关在被告人谢某福经营的某水族馆查获了10只鹦鹉（包括上述2只绿颊锥尾鹦鹉）。

2014年4月，被告人王某开始非法饲养、繁殖珍贵、濒危鹦鹉并将之出售而进行牟利。2016年4月初，王某将自己孵化的2只小太阳鹦鹉（经鉴定学名为绿颊锥尾鹦鹉）以每只500元人民币的价格出售给被告人谢某福（同案另一被告）。2016年5月17日，公安机关在被告人王某租住的房屋中查获各类珍贵、濒危鹦鹉45只，经鉴定为绿颊锥尾鹦鹉（人工变异种）35只、和尚鹦鹉9只、非洲灰鹦鹉1只，以上鹦鹉均被列入《公约》附录二。

一审法院认为：被告人谢某福违反法律、法规的规定，购买国家二级保护的鹦鹉2只，其行为已构成非法收购珍贵、濒危野生动物罪。被告人王某未经有关部门批准，以牟利为目的出售国家重点保护的珍贵、濒危野生动物，其行为已构成非法出售珍贵、濒危野生动物罪。因王某收购1只小太阳鹦鹉、1只非洲灰鹦鹉的出卖方未归案，付款及交货方式不明，无法确定该交易的真实性，也无法核实所交易鹦鹉的品种、数量，不能认定王某有非法收购珍贵、濒危鹦鹉的行为。故公诉机关指控王某犯非法收购、出售珍贵、濒危野生动物罪不当，应予以变更。现有证据仅能认定王某出售给谢某福的2只小太阳鹦鹉即绿颊锥尾鹦鹉。另在王某处查获的45只鹦鹉应为自己繁殖孵化而来，王某虽辩称45只鹦鹉中有他人赠送的，但没有提供赠送人的具体身份信息及赠送的具体数量。虽不能证明王某有收购珍贵、濒危鹦鹉的行为，但其卖2只小金太阳鹦鹉（绿颊锥尾鹦鹉）给谢某福的事实清楚，证据充分。另还查获待售的45只列入《公约》附录二的被保护鹦鹉，属犯罪未遂，依法可比照既遂犯减轻处罚。辩护人认为该45只鹦鹉不是用于出售的意见与查明的事实不符，法院不予采纳。

① （2016）粤0306刑初6976号。

根据最高人民法院《关于审理破坏野生动物资源刑事案件具体应用法律若干问题的解释》(以下简称《野生动物资源案件解释》)规定:《刑法》第三百四十一条第一款规定的“珍贵、濒危野生动物”，包括列入国家重点保护野生动物名录的国家一、二级保护野生动物，列入《公约》附录一、附录二的野生动物以及驯养繁殖的上述物种。因此，本案所涉的鹦鹉虽为人工驯养，亦属于法律规定的“珍贵、濒危野生动物”。二被告均自愿认罪，可以从轻处罚。另公安机关根据被告人谢某福的供述抓获被告人王某，谢某福虽不构成立功，但量刑时可酌情从轻处罚。被告人谢某福犯罪情节较轻，有悔罪表现，没有再犯罪的危险，对其宣告缓刑对所居住社区没有重大不良影响，决定对其宣告缓刑。

一审判决如下:被告人王某犯非法出售珍贵、濒危野生动物罪，判处有期徒刑 5 年，并处罚金人民币 3000 元;被告人谢某福犯非法收购珍贵、濒危野生动物罪，判处有期徒刑一年六个月，缓刑二年，并处罚金人民币 3000 元。

一审宣判后，被告人王某提出上诉。请求事项为:其卖给谢某福 2 只小金太阳鹦鹉，但没有证据证明在其家里查获的 45 只鹦鹉是收购而来或将要出售;因儿子需要手术治疗而没时间去喂养鹦鹉幼仔，所以发布过出售鹦鹉幼仔的广告，但广告提及的是幼仔鹦鹉，和 45 只成年鹦鹉品种不同，没有鉴定报告证明广告提及的鹦鹉属于国家保护动物;归案后主动如实供述，提供信息协助民警去东莞抓捕嫌疑人，虽因没能成功抓获而不构成立功，但量刑时希望从宽处罚。

二审法院认为:上诉人王某非法收购、出售珍贵、濒危的野生鹦鹉，其行为已构成非法收购、出售珍贵、濒危野生动物罪。原审被告人谢某福非法收购珍贵、濒危的野生鹦鹉，其行为已构成非法收购珍贵、濒危野生动物罪。王某及谢某福均自愿认罪。公安机关根据谢某福的供述抓获王某，谢某福虽不构成立功，但量刑时可酌情从轻处罚。谢某福犯罪情节较轻，有悔罪表现，再犯可能性小，故可对谢某福宣告缓刑。王某非法收购、出售野生动物情节特别严重，论罪应判处 10 年以上有期徒刑，并处罚金或没收财产。王某家中查获的 45 只鹦鹉系待售，因其意志以外的原因而未得逞，是犯罪未遂，可比照既遂犯从轻或减轻处罚。鉴于多数涉案鹦鹉系人工驯养繁殖，其行为的社会危害性相对小于非法收购、出售纯野外生长、繁殖的鹦鹉，故对王某可在法定刑以下量刑，并依法报请最高人民法院核准。原判认定事实清楚，证据确实、充分，审判程序合法。对谢某福定罪准确，量刑适当。但未认定王某构成非法收购珍贵、濒危野生动物罪不当，检察院所提王某构成非法收购、出售珍贵、濒危野生动物罪的意见成立，法院予以采纳。原判对王某量刑过重，依法予以纠正。王某所提请求从宽处罚的上诉理由成立，法院予以采纳。

二审判决如下:维持一审刑事判决第(二)项对被告人谢某福的定罪量刑部分;撤销一审刑事判决第(一)项对被告人王某的定罪量刑部分;上诉人王某犯非法收购、出售珍贵、濒危野生动物罪，在法定刑以下判处有期徒刑 2 年，并处罚金 3000 元。本判决依法层报最高人民法院核准。

2018 年 4 月，最高人民法院作出复核裁定，认为:被告人王某承认知道涉案鹦鹉为法律禁止买卖的国家重点保护的珍贵、濒危野生动物，但仍非法收购、出售，已构成非法收购、出售珍贵、濒危野生动物罪。王某为了牟利而非法收购、出售 47 只国家重点保护的珍贵、濒危的鹦鹉，情节特别严重，应依法惩处。

综合考量王某能自愿认罪，出售的是自己驯养繁殖而非野外捕捉的鹦鹉，对社会危害性相对较小，且有45只鹦鹉尚未售出等情节，可在法定刑以下判处刑罚。第一、二审认定的事实清楚，证据确实、充分，审判程序合法；第二审定罪准确，量刑适当。故此作出核准裁定。①

二、案例分析

(一)罪名指南

1. 法律规定

本案涉及的罪名是非法收购、运输、出售珍贵、濒危野生动物、珍贵、濒危野生动物制品罪②。

根据我国《刑法》第三百四十一条第一款规定，非法猎捕、杀害国家重点保护的珍贵、濒危野生动物的，或者非法收购、运输、出售国家重点保护的珍贵、濒危野生动物及其制品的，处五年以下有期徒刑或者拘役，并处罚金；情节严重的，处五年以上十年以下有期徒刑，并处罚金；情节特别严重的，处十年以上有期徒刑，并处罚金或者没收财产。

非法收购、运输、出售珍贵、濒危野生动物、珍贵、濒危野生动物制品罪，为一个选择性罪名。无论行为人实施的是其中一种行为，还是同时实施数种行为，均可构成本罪。

2. 概念

非法收购、运输、出售珍贵、濒危野生动物、珍贵、濒危野生动物制品罪，现罪名已变更为危害珍贵、濒危野生动物罪，是指非法猎捕、杀害国家重点保护的珍贵、濒危野生动物的，或者非法收购、运输、出售国家重点保护的珍贵、濒危野生动物及其制品的行为。

3. 犯罪构成

犯罪构成是指依照刑法规定，决定某一具体行为的社会危害性及其程度，为该行为构成犯罪所必需的一切客观和主观要件的有机统一，是使行为人承担刑事责任的根据。根据犯罪构成四要素说，任何一种犯罪的成立都必须具备四个方面的构成要件，即犯罪主体、犯罪主观方面、犯罪客体和犯罪客观方面。

非法收购、运输、出售珍贵、濒危野生动物、珍贵、濒危野生动物制品罪，是指违反野生动物保护法规，收购、运输、出售国家重点保护的珍贵、濒危野生动物及其制品的

---

① (2018)最高法刑核34017621号。

② 2021年3月1日起施行的《最高人民法院、最高人民检察院关于执行〈中华人民共和国刑法〉确定罪名的补充规定(七)》，将原罪名修改为：危害珍贵、濒危野生动物罪。本书仍根据本案审理时的原罪名进行讨论分析。

行为。

(1)犯罪主体。犯罪主体是指实施犯罪行为的人。每一种犯罪，都必须有犯罪主体。有的犯罪是一个人实施的，犯罪主体就是一人；有的犯罪是数人实施的，犯罪主体就是数人。根据《刑法》规定，公司、企业、事业单位、机关、团体实施犯罪的，构成单位犯罪，因此，单位也可以成为犯罪主体。

本罪的主体为一般主体，即凡是达到刑事责任年龄、具有刑事责任能力的人，均可构成本罪。《刑法》第三百四十六条规定：单位犯本节第三百三十八条至第三百四十五条规定之罪的，对单位判处罚金，并对其直接负责的主管人员和其他直接责任人员，依照本节各该条的规定处罚。因而，单位也可成为本罪主体。

(2)主观方面。犯罪主观方面是指犯罪主体对其实施的犯罪行为及其结果所具有的心理状态，包括故意和过失。在单位构成犯罪的情况下，该单位对犯罪行为负有责任的人员也同样具有主观心理状态。

本罪在主观方面表现为故意，过失不构成本罪。非法出售珍贵、濒危野生动物罪是故意犯罪，行为人必须明知行为对象是何物种(自然属性)，同时还必须明知该物种是珍贵、濒危野生动物(社会属性)而非法出售，否则欠缺犯罪的主观要件。①

(3)犯罪客体。犯罪客体是指刑法所保护而被犯罪行为所侵害的社会关系。需要注意区分犯罪客体和犯罪对象，二者不同之处在于：犯罪对象是犯罪行为所直接针对的对象，而犯罪客体是指刑法所保护的各种社会关系。

本罪侵犯的客体是国家重点保护的珍贵、濒危野生动物的管理制度。本罪的犯罪对象是国家重点保护的珍贵、濒危野生动物及其制品。1988 年 11 月 8 日全国人大常委会通过的《中华人民共和国野生动物保护法》规定：“国家对珍贵、濒危的野生动物实行重点保护。国家重点保护的野生动物分为一级保护野生动物和二级保护野生动物。”1988 年 12 月 10 日国务院批准并于 1989 年 1 月 14 日由原林业部和原农业部联合发布的《国家重点保护野生动物名录》，共收录 435 种国家重点保护野生动物。所谓“制品”，是指对捕获或得到的珍贵、濒危野生动物通过某种加工手段而获得的成品和半成品，如标本、皮张和其他有极高经济价值的动物部位、肉食等。

(4)客观方面。犯罪的客观方面，是指犯罪行为的具体表现。

本罪在客观方面表现为违反野生动物保护法规，收购、运输、出售珍贵、濒危野生动物及其制品的行为。“收购”，包括以营利、自用等为目的的购买行为；“运输”，包括采用携带、邮寄、利用他人、使用交通工具等方法进行运送的行为；“出售”，包括出卖和以营利为目的的加工利用行为。②

(二)行为人的行为构成非法出售珍贵、濒危野生动物罪

第一，王某的行为违反了国家重点保护的珍贵、濒危野生动物的管理制度。对于王某

---

① 徐昕：《因爱之名——“深圳鹦鹉案”二审律师辩护词》，载《刑事辩护的艺术》，中国法制出版社 2015 年版。

② 最高人民检察院、公安部：《最高人民检察院、公安部关于公安机关管辖的刑事案件立案追诉标准的规定(一)》第六十五条。

收购、出售的鹦鹉是否属于《刑法》所保护的“珍贵、濒危野生动物”，是本案控辩双方争议的焦点。王某出售、购买的鹦鹉均系人工孵化而来，属于《野生动物资源案件解释》当中规定的“驯养繁殖”的珍贵、濒危野生物种。野生动物在科学上应遵从基因和形态等特征，并非单指野外生存的动物。虽然在实践中，对《野生动物资源案件解释》将人工驯养繁殖的珍贵、濒危野生物种等同于《刑法》所要保护的珍贵、濒危野生动物是否合理的问题，存在各种争议，在个案中也可能出现不尽合理的情况，但在立法修改之前，这仍属于一个科学认定的问题。并且，即使野生动物中的许多物种已经可以在人工环境下实现繁衍发展，但这并不意味着此类物种就不再是《刑法》所要保护的对象，人工繁殖行为必须具备严格的条件限制，比如人工繁育要实行许可制并符合诸多限制性要求(如驯养技术成熟且不伤害野生种源等)。[①] 因此，在现有立法体系下，王某收购、出售的涉案鹦鹉，在客观上仍属“珍贵、濒危野生动物”，其行为仍是对我国野生动物管理制度的破坏。

第二，王某客观上实施了违反野生动物保护法规，收购、出售珍贵、濒危野生动物的行为。在案证据显示，通过技术手段恢复的“短信、微信内容，王某在58同城网站和QQ群里所发布的大量购买鹦鹉、换鹦鹉和卖鹦鹉的要约或者广告”等事实，同时结合其自述的家庭并不富裕，孩子患病等生活状况表明，其不可能具备大量人工驯养鹦鹉所需要的财力物力，畜养鹦鹉的行为并非纯属个人爱好，也并非一审判决认定的“自己繁殖孵化”，而是作为收购、出售鹦鹉行为过程中一个必要环节的“暂时畜养”。二审法院认定王某所畜养的鹦鹉“都是其用于出售的”，其行为是“以出售为目的的临时畜养”，是收购、出售行为的必要组成部分，由此改判王某构成非法收购、出售珍贵、濒危野生动物罪。

第三，王某符合本罪的主体要件。本罪的主体为一般主体，王某作为达到刑事责任年龄且具有刑事责任能力的人，可构成本罪。

第四，王某主观方面存在犯罪故意。知道或者应当知道是国家重点保护的珍贵、濒危野生动物及其制品，为食用或者其他目的而非法购买的，属于《刑法》第三百四十一条第一款规定的非法收购国家重点保护的珍贵、濒危野生动物及其制品的行为。[②] 通过王某购买配对鹦鹉、出售鹦鹉的网络广告记录、与网友交流喂养鹦鹉心得的聊天记录、出售鹦鹉记录、王某的供述等在案证据，表明王某作为能自学养殖鹦鹉并繁殖多只的爱好者，必然会知晓该鹦鹉的习性、种类以及是否是保护动物，即王某对涉案鹦鹉为法律禁止买卖的国家重点保护的珍贵、濒危野生动物，应是明知的。并且，根据鉴定意见“我国的鹦鹉人工养殖很多属于非法的，养殖个体的来源一般是走私或黑市交易，这些走私和交易的鸟类可能都来自原生地的非法捕猎”“非洲灰鹦鹉属大型禽鸟，除了购买，其他渠道很难获取”等事实可以合理推知，王某实施收购、出售鹦鹉行为时，对于鹦鹉来源持有一种不确定的故意心态，即不管是走私而来、非法捕猎而来、非法养殖而来，均采取积极追求的心理态度，在主观方面不存在对象上的认识错误，对收购、出售珍贵、濒危野生动物行为存在直接故意。[③]

---

① 王志远:《“鹦鹉案”二审定罪量刑结论评析》，载《中国审判》2018年第12期。

② 《全国人民代表大会常务委员会关于〈中华人民共和国刑法〉第三百四十一条、第三百一十二条的解释》，2014年4月24日第十二届全国人民代表大会常务委员会第八次会议通过。

③ 王志远:《“鹦鹉案”二审定罪量刑结论评析》，载《中国审判》2018年第12期。

(三)罪责刑相适应原则

《刑法》第五条规定：刑罚的轻重，应当与犯罪分子所犯罪行和承担的刑事责任相适应。罪责刑相适应原则，又称罪刑相当原则，罪刑均衡或者罪刑相适应原则，是指“刑罚的轻重，应当与犯罪分子所犯罪刑和承担的刑事责任相适应”。也就是根据罪行的大小决定刑罚的轻重。罪重的量刑重，罪轻的则量刑轻。

1. 一般量刑标准

被告人王某明知涉案鹦鹉为法律禁止买卖的国家重点保护的珍贵、濒危野生动物，但为了牟取不法利益而非法收购、出售国家重点保护的珍贵、濒危的鹦鹉数量多达 47 只，结合其危害行为、违法性认识，依照《野生动物资源案件解释》属于“情节特别严重”。根据《刑法》第三百四十一条规定，非法收购、运输、出售国家重点保护的珍贵、濒危野生动物，情节特别严重的，处十年以上有期徒刑，并处罚金或者没收财产。根据罪刑法定原则，应当对王某在十年以上有期徒刑幅度内量刑。

2. 犯罪未遂

《刑法》第二十三条规定，已经着手实行犯罪，由于犯罪分子意志以外的原因而未得逞的，是犯罪未遂。对于未遂犯，可以比照既遂犯从轻或者减轻处罚。王某家中查获的 45 只鹦鹉系待售，因其意志以外的原因而未售出，是犯罪未遂，因而对其可比照既遂犯从轻或减轻处罚。

3. 减轻处罚制度

《刑法》第六十三条规定，犯罪分子具有本法规定的减轻处罚情节的，应当在法定刑以下处罚；犯罪分子虽然不具有本法规定的减轻处罚情节，但是根据案件的特殊情况，经最高人民法院核准，也可以在法定刑以下判处刑罚。该条规定体现了《刑法》中的减轻处罚制度。

考虑到涉案鹦鹉多为人工繁殖驯养而非野生，社会危害性相对较小，被告人自愿认罪悔罪，非法畜养、选育、买卖受保护鹦鹉现象较为普遍，行为人守法意识较薄弱，家属提供的家庭情况等“案件的特殊情况”，对王某可在法定刑以下判处刑罚，并依法报请最高人民法院核准。最高人民法院经过审理，综合考量认罪态度、鹦鹉来源、社会危害性、尚未售出等因素，作出了核准的裁定。

因而，判处被告人王某犯非法收购、出售珍贵、濒危野生动物罪，在法定刑以下判处有期徒刑 2 年，并处罚金 3000 元，体现了罪责刑相适应的原则。

(四)启示

有网友将本案和赵某华非法持有枪支案(本书第四章)、王某军非法经营案(本书第八章)、陆某销售假药案①并称为“四大奇案”。而本案之所以能够引起广大公众的关注和争

① 沅检公刑不诉(2015)1 号。

议，主要在于大众普遍认知与法律规定之间存在较大偏差。这种矛盾错位直接体现在现有法律法规对于“珍贵、濒危野生动物”的标准认定和公众的认知程度上。一方面，对“珍贵、濒危野生动物”的范围划分要科学合理，范围过小不利于野生动物的保护，范围过大则有刑罚扩大化的趋势；另一方面，针对野生动物保护等法律法规普法程度较低的现状，要加大普法宣传的力度。

1. 亟须推动立法完善

根据本案诉讼过程，争议焦点可以归纳为：人工驯养的绿颊锥尾鹦鹉是否属于“珍贵、濒危野生动物”范畴。公诉方认为，《野生动物资源案件解释》第一条明确将“驯养繁殖的物种”列入刑法保护范围。并且，原国家林业局 2013 年发布的《商业性经营利用驯养繁殖技术成熟的陆生野生动物名单》中，鹦形目中只有 5 个品种，且仅供观赏，不可买卖，绿颊锥尾鹦鹉不在其列。由此，王某出售的 2 只绿颊锥尾鹦鹉，在受保护物种名录内，其行为属于《刑法》规制的范围。而辩方认为，《刑法》规定“非法出售珍贵、濒危野生动物罪”的犯罪对象为珍贵、濒危、野生的动物，其含义是确定的。《野生动物资源案件解释》将驯养繁殖的动物解释为野生动物，超越了刑法条文的文本含义和一般语义范围，将人工驯养繁殖的物种与野生物种同等对待，超出一般公众的理解认知。没有或未取得人工驯养繁殖许可证，应定为行政违法行为而非犯罪行为。

可见，本案的关键在于犯罪的定性问题，即立法对“野生动物”的法定概念不明，立法功能消减，导致司法与实际产生错位。在目前部分被纳入珍贵、濒危物种名单的野生动物经过人工繁殖、合理保护等手段，其数量和种群已大大超出了需要法律禁止性规定予以保护的范围，当时的立法目的和立法背景早已发生巨大变化的情况下，《野生动物资源案件解释》对“珍贵、濒危野生动物”内涵的表述是否还符合现实要求？《刑法》《野生动物保护法》是否需要进一步明确限定“野生动物”的概念？珍贵、濒危物种的名单是否需要进行更新？这些问题无法经由司法环节解决，必须通过立法环节来解决。如何做到立法符合社会需要，如何平衡法律与情理之间的关系，如何实现“三个效果”的统一？针对这些问题，近年来立法工作也在持续向前推进，不断健全和完善，以保障立法的可操作性和司法解释的严格规范。

对此，《最高人民法院研究室关于收购、运输、出售部分人工驯养繁殖技术成熟的野生动物适用法律问题的复函》(法研〔2016〕23 号)认为：“彻底解决当前困境的办法，或者是尽快启动国家重点保护野生动物名录的修订工作，将一些实际已不再处于濒危状态的动物从名录中及时调整出去，同时将那些已处于濒危状态的动物增列进来；或者是在修订后的司法解释中明确，对某些经人工驯养繁殖、数量已大大增多的野生动物，附表所列的定罪量刑数量标准，仅适用于真正意义上的野生动物，而不包括驯养繁殖的。”

2018 年 12 月 24 日，在十三届全国人大常委会第七次会议上，全国人大常委会法制工作委员会主任沈春耀作全国人大常委会法工委关于 2018 年备案审查工作情况的报告时谈道，根据公民审查建议，对最高人民法院关于审理破坏野生动物资源刑事案件的解释将“驯养繁殖物种”纳入有关“珍贵、濒危野生动物”范围的规定，进行审查研究。经沟通，最高人民法院已启动工作，拟对上述有关司法解释的内容进行修改完善。

2020年12月18日最高人民法院、最高人民检察院、公安部、司法部印发的《关于依法惩治非法野生动物交易犯罪的指导意见》规定："在认定是否构成犯罪以及裁量刑罚时，应当考虑涉案动物是否系人工繁育、物种的濒危程度、野外存活状况、人工繁育情况、是否列入国务院野生动物保护主管部门制定的人工繁育国家重点保护野生动物名录，以及行为手段、对野生动物资源的损害程度、食用涉案野生动物对人体健康的危害程度等情节，综合评估社会危害性，确保罪责刑相适应。相关定罪量刑标准明显不适宜的，可以根据案件的事实、情节和社会危害程度，依法作出妥当处理。"

2022年4月6日最高人民法院、最高人民检察院《关于办理破坏野生动物资源刑事案件适用法律若干问题的解释》规定："对于涉案动物的种属类别、是否系人工繁育，非法捕捞、狩猎的工具、方法，以及对野生动物资源的损害程度等专门性问题，可以由野生动物保护主管部门、侦查机关依据现场勘验、检查笔录等出具认定意见；难以确定的，依据司法鉴定机构出具的鉴定意见、本解释第十六条所列机构出具的报告，被告人及其辩护人提供的证据材料，结合其他证据材料综合审查，依法作出认定。"

2. 借助个案宣传普法

不知法、不懂法不是违法的理由，但不少领域如本案中的动物保护方面，的确存在不少认识"盲区"，仍然还有许多法律法规不为人所知。本案正是映射出普通大众对法律知识的无知、法律观念的淡薄。①

在当前全面依法治国的背景下，我国法律体系不断健全，相关体制机制不断完善，各项法律法规更加细致完备，但再多的良法善法，也必须让普通大众知晓，才能更好地体现和维护法律的权威性。而仅仅依靠个案的判决，是达不到普及法律和让人民群众感受到公平正义的目的的。必须借助个案的研究、总结、分析，大力宣传和普及相关法律，将争议变成普法，把"确实不知情"的可能性降到最低。② 同时引导、规范人们的行为，调整社会秩序，最终让人们对法律有所敬畏，自觉地遵纪守法，让公众在每一个案件中都感受到公平正义，让平面、抽象的纸上法律条文，内化为立体、活在群众心里的精神信仰。

① 林琳：《你所认为的"寻常"在法律上可能不寻常》，载人民网（2017年5月11日）：http：//opinion. people. com. cn/n1/2017/0511/c1003-29268259. html。

② 雷勇：《"鹦鹉案"背后的普法代价太高》，载中国经济网（2017年5月10日）：http：//view. ce. cn/view/ent/201705/10/t20170510_22689681. shtml。

参考文献

1. 陈兴良：《规范刑法学》，中国人民大学出版社2023年版。
2. 曲新久，陈兴良，张明楷，等：《刑法学》，中国政法大学出版社2022年版。
3. 刘艳红：《实质刑法观》，中国人民大学出版社2019年版。
4. 李本灿：《合规与刑法》，中国政法大学出版社2018年版。
5. 陈兴良：《刑法哲学》，中国人民大学出版社2017年版。
6. 张明楷：《罪刑法定与刑法解释》，北京大学出版社2009年版。
7. 唐立：《破坏性盗窃铁路设施设备犯罪案件疑难问题研究——基于S省铁检分院相关数据的分析》，载《江西警察学院学报》2019年第4期。
8. 徐英荣：《破坏交通设施罪严重后果的判断》，载《人民司法》2016年第14期。
9. 吴乾辉：《铁路运输领域破坏交通设施罪有关问题的研究》，载《行政与法》2011年第3期。
10. 夏尊文，隋幸华：《论破坏交通工具罪的客体及对象》，载《云梦学刊》2008年第5期。
11. 栾莉，孙芊慧：《洗钱罪司法适用的困境、反思与对策》，载《法律适用》2023年第10期。
12. 王新：《洗钱罪的基础问题辨析——兼与张明楷教授商榷》，载《法学评论》2023年第3期。
13. 何荣功：《洗钱罪司法适用的观察、探讨与反思》，载《法学评论》2023年第3期。
14. 黎宏：《"自洗钱"行为认定的难点问题分析》，载《法学评论》2023年第3期。
15. 刘金林：《洗钱犯罪法律适用问题研究》，载《法律适用》2023年第4期。
16. 张明楷：《自洗钱入罪后的争议问题》，载《比较法研究》2022年第5期。
17. 张斌：《洗钱罪主观要素司法证明的形塑——基于〈刑法修正案(十一)〉的分析》，载《江汉论坛》2022年第2期。
18. 王新：《自洗钱入罪后的司法适用问题》，载《政治与法律》2021年第11期。
19. 刘艳红：《洗钱罪删除"明知"要件后的理解与适用》，载《当代法学》2021年第4期。
20. 王新：《〈刑法修正案(十一)〉对洗钱罪的立法发展和辐射影响》，载《中国刑事法杂志》2021年第2期。
21. 陈兴良：《非法经营罪范围的扩张及其限制——以行政许可为视角的考察》，载《法学家》2021年第2期。

22. 韩博雅，郑雪：《非法经营罪司法扩张之检视与反思》，载《人民论坛》2021 年第 2 期。
23. 童德华：《非法经营罪规制目的的预设与生成》，载《政治与法律》2021 年第 4 期。
24. 李耀：《非法经营罪“口袋性”的新发展与新对策——基于对 22219 份判决书的实证分析》，载《刑事法评论》2022 年第 2 期。
25. 刘晓萌：《非法经营罪兜底条款适用的再解释——基于行政不法与刑事不法的规范关联》，载《东南大学学报(哲学社会科学版)》2022 年第 1 期。
26. 蓝学友：《论非法经营罪的保护法益——破解“口袋罪”难题的新思路》，载《刑事法评论》2021 年第 1 期。
27. 张明楷：《网络诽谤的争议问题探究》，载《中国法学》2015 年第 3 期。
28. 高铭暄，张海梅：《网络诽谤构成诽谤罪之要件——兼评“两高”关于利用信息网络诽谤的解释》，载《国家检察官学院学报》2015 年第 4 期。
29. 张小虎：《网络暴力的典型事实形态及其刑法定性》，载《甘肃社会科学》2024 年第 2 期。
30. 周立波：《网络暴力犯罪的刑事法治理》，载《法治研究》2023 年第 5 期。
31. 于冲：《网络“聚量性”侮辱诽谤行为的刑法评价》，载《中国法律评论》2023 年第 3 期。
32. 金鸿浩，杨迎泽：《诽谤犯罪“情节严重”的综合判断》，载《国家检察官学院学报》2022 年第 3 期。
33. 李川：《网络环境下诽谤罪主观要素认定标准探究》，载《暨南学报(哲学社会科学版)》2019 年第 2 期。
34. 刘文燕，张天衣：《网络诽谤行为刑法规制的问题与对策》，载《学术交流》2018 年第 10 期。
35. 黄彬：《从“梁某拾金案”探究“拾金而昧”的法律责任》，载《法制与社会》2009 年第 20 期。
36. 刘薇：《关于梁某拾金案的思考》，载《网络财富》2010 年第 20 期。
37. 胡东飞：《盗窃及其在侵犯财产罪中的体系地位》，载《法学家》2019 年第 5 期。
38. 王俊：《非法占有目的的不同意义——基于对盗窃、侵占、诈骗的比较研究》，载《中外法学》2017 年第 5 期。
39. 苏云，张理恒：《快递公司分拣员窃取邮包行为定性盗窃罪之刑法教义学可行性路径分析——以杨某窃取邮包二审无罪案展开》，载《中国刑事法杂志》2015 年第 5 期。
40. 吴艳玮，郝雪强：《从处分行为及占有角度对盗窃罪与诈骗罪及侵占罪界限再研究》，载《河北法学》2011 年第 12 期。
41. 邹玉华：《再论许某案的定性——以语义特征分析为视角》，载《湘潭大学学报(哲学社会科学版)》2018 年第 4 期。
42. 黄何：《缓解定罪量刑冲突的类推方法——许某案罪与罚的再思考》，载《法律方法》2017 年第 1 期。

43. 苑民丽：《合同诈骗罪罪际关系研究——以反思许某案的定罪量刑为视角》，载《学术交流》2014 年第 7 期。
44. 龚志军：《从法律文本规范到法正义实现的障碍——兼论许某案一审中法的背离》，载《法学杂志》2011 年第 2 期。
45. 张吉业：《虚假操作 ATM 机等计算机系统的理论探讨——以盗窃罪和诈骗罪的区分标准为视角》，载《法制与社会》2018 年第 18 期。

后　记

本书作为湖北大学法学院“卓越法律人才培养计划”系列教材之一，旨在回应新时代法学教育的改革需求，探索刑法学教学的新路径。近年来，我国高等法学教育在快速发展的同时，也面临着诸多挑战：法治理念教育的深度不足、培养模式相对单一、学生实践能力亟待提升等问题，已成为制约法律人才培养质量的重要因素。为此，中共中央政法委员会与教育部联合实施了“卓越法律人才培养计划”，以深化法学教育改革，培养适应社会主义法治国家建设需求的高素质法律人才。本书的编写正是基于这一背景，力图通过理论与实践相结合的教学模式，推动刑法学教育的创新与发展。

在内容设计上，本书以刑法学的基本理论为框架，结合典型案例，力求实现理论与实践的深度融合。注重案例的典型性与启发性，所选案例既包括经典判例，也涵盖近年来司法实践中的热点难点问题，力求通过案例解析帮助学生深入理解刑法的立法精神与司法逻辑。同时，本书在案例评析中注重引入多维度视角，结合刑法学理论、司法解释以及学术争议，引导学生从不同角度思考问题，培养其批判性思维与解决复杂法律问题的能力。

在编写过程中，我们特别强调案例的本土化与时代性。正如赵秉志教授指出，“案例分析方法，是理论联系实际的最好途径”，并且“可以增强学习研究者运用刑法理论解决实务问题的能力”。① 刑法学作为一门实践性极强的学科，必须扎根于中国的法治土壤，回应中国社会的现实需求。因此，本书在选取案例时，不仅参考了国内外经典判例，更注重收录近年来中国司法实践中的典型案例，尤其是那些引发社会广泛关注的案件。我们希望通过这些案例，帮助读者树立正确的法治理念，增强其对中国特色社会主义法治道路的理解与认同。

本书的编写凝聚了多位作者的智慧与心血。具体分工如下：第一章、第十一章由王繁洲撰写；第二章、第三章由张晗撰写；第四章、第十章、第十二章由姜楚一、南可欣撰写；第五章由陈云衢撰写；第六章、第七章由刘家烨撰写；第八章由梅云露撰写；第九章由熊亚玲撰写；第十三章由朱莉撰写；全书由江岚统稿。在编写过程中，我们得到了湖北省人民检察院武汉铁路运输分院广大干警的支持与帮助，在此致以诚挚的感谢。同时，我们也参考了国内外大量文献与案例资源，谨向所有为本书提供借鉴与启发的学者与实践工作者表示衷心的敬意。

由于时间与水平所限，本书难免存在不足之处，恳请广大读者批评指正。我们期待本

① 赵秉志主编：《刑法教学案例》，法律出版社 2007 年版，编写说明。

书能够为刑法学教学提供一种新的思路，为培养卓越法律人才贡献一份力量。未来，我们将继续关注刑法学理论与实践的发展动态，不断完善教材内容，以更好地服务于法学教育的改革与创新。

江岚

2025 年 2 月 10 日